UWE BOGEN

Stuttgart für Fortgeschrittene

STUTTGART MACHT SPASS Uwe Bogen, Kolumnist der »Stuttgarter Zeitung« und »Stuttgarter Nachrichten«, lädt ein zu einer spannenden Entdeckungstour durch die Schwabenmetropole, wie man sie noch nicht kennt. Lange als Streber unter den Städten verschrien, überrascht die Stadt mit Charme, Witz und jeder Menge Charakter. So gilt sie als eine der Hauptstädte für Theater, Kunst und Ballett in Europa, aber auch Popstars sind hier zu Hause. Zahlreiche Stuttgarter Originale bezeugen eine lebendige Stadt, in der Subkulturen und alternative Lebensweisen ebenso Platz haben wie Innovationsgeist und Tradition. Dabei beweisen Stuttgarts selbstbewusste Einwohner, dass sie das Understatement genauso beherrschen wie subversiven Humor. Und wo sonst gelten Treppen als Wahrzeichen?

© Andreas Engelhard

Uwe Bogen ist gebürtiger Stuttgarter und liebt seine Heimatstadt, die er als Kolumnist bei der »Stuttgarter Zeitung« und den »Stuttgarter Nachrichten« seit Jahren begleitet. Für seine Arbeit wurde er mit dem Lokaljournalistenpreis der Konrad-Adenauer-Stiftung ausgezeichnet. Er ist Autor zahlreicher Veröffentlichungen über Stuttgart und Initiator des Blogs »Stuttgart-Album«, der sich einer treuen Fangemeinde erfreut.

Bisherige Veröffentlichungen im Gmeiner-Verlag:
Stuttgart für Fortgeschrittene (2020)
Stuttgart – Gesichter einer Metropole (2019)

UWE BOGEN

Stuttgart für Fortgeschrittene

GMEINER

Immer informiert

NEWSLETTER

Spannung pur – mit unserem Newsletter informieren wir Sie regelmäßig über Wissenswertes aus unserer Bücherwelt.

Gefällt mir!

Facebook: @Gmeiner.Verlag
Instagram: @gmeinerverlag
Twitter: @GmeinerVerlag

FSC
www.fsc.org
MIX
Papier aus verantwortungsvollen Quellen
FSC® C014496

Besuchen Sie uns im Internet:
www.gmeiner-verlag.de

Im Ehnried 5, 88605 Meßkirch
Telefon 07575/2095-0
info@gmeiner-verlag.de

1. Auflage 2020

Lektorat: Daniel Abt
Herstellung: Julia Franze
Umschlaggestaltung: U.O.R.G. Lutz Eberle, Stuttgart
unter Verwendung eines Fotos von: © Alexander Schulz
Druck: GGP Media GmbH, Pößneck
Printed in Germany
ISBN 978-3-8392-2756-2

HOCHGEFÜHLE

Stufen bis zum Himmel

Höhen und Tiefen haben die schwäbische Seele geprägt. Deshalb sind die Stuttgarter »Stäffele« ein toller Startpunkt, will man sich ihr nähern. In kaum einer anderen Stadt gibt es so viele herrliche Plätze zum Sinnieren, die man nur über Treppen erreichen kann.

Wir Stuttgarter – auch deshalb sind die Stäffele ein tolles Sinnbild – sind erst zufrieden und geben uns der Muse hin, wenn die letzte Stufe erklommen und der letzte Schweißtropfen geflossen ist.

In Stuttgart gibt es über 600 »Stäffele«, darunter die Taubenstaffel in Heslach, die Etzelstaffel, Wächterstaffel, Sängerstaffel, Hasenberg-Staffel, Oscar-Heiler-Staffel und viele mehr. Diese enorme Anzahl an Treppenanlagen ergibt sich aus der Baugeschichte der Neckarmetropole. Im 19. Jahrhundert hielt es die Stadt in der Enge des Kessels nicht mehr aus und wuchs über die umliegenden Weingärten hinaus. Dort führten steile Wege und Treppen zu den Dörfern und Höfen der Umgebung. Die Stadtarchitekten integrierten diese »Wengertstäffele« kurzerhand ins Stadtbild und schufen damit einerseits willkommene Abkürzungen und andererseits wohl Deutschlands anstrengendste Wahrzeichen. Da kann auch das Ulmer Münster mit seinen 786 Stufen nicht mithalten. In den Himmel reichen die Stäffele in Stuttgart nicht, aber viele Häuser wären ohne sie nicht zu erreichen und oft führen sie zu einer grandiosen, fürwahr himmlischen Fernsicht.

Diese hat man zum Beispiel vom Eugensplatz. Galatea heißt die schöne bronzene Nymphe, die hier ihre prächtigen Rundungen den Passanten und Stadtspaziergängern zeigt. Keine Stuttgarterin, sondern eine Berliner Schuhmacherstochter stand im Jahr 1890 für die Figur der griechischen Meeresnymphe Modell. Und jetzt blickt sie seit über 130 Jahren versonnen aufs Tal hinab, in dem ein Dorf zur Metropole geworden ist – oder liegt da unten ein großes Dorf, das sich als Metropole tarnt? Keine andere Berlinerin weiß so gut, wie schön Stuttgart ist. Aber 1890 sah man noch mehr von der Stadt. Inzwischen engen wuchtig wachsende Bäume den Panoramablick etwas ein. Nur ein Guckloch bleibt.

Auch die Eisfamilie Weeber vom Eugensplatz sieht im Sommer »no auch gar nix« von der schönen Galatea oder der Stadt. Die Bäume sind im Weg und verdecken besser als jedes Feigenblatt die Blöße der Nymphe und viel Zeit zum Schauen haben die

Eisverkäufer vom Café Pinguin im Sommer ohnehin nicht. Denn in dieser Jahreszeit müssen sie Eiswaffeln im Akkord füllen.

Was allein schon verliebte Pärchen schlotzen und vernaschen wollen! Auf dem Mäuerchen oder auf den Bänken hocken sie bei der Galatea, deren sanfte Erotik in der Sonne noch intensiver leuchtet. Die jungen Leute genießen das Leben, die Liebe, das Eis und die Aussicht. Sie sind in ihrem Glück weit oben angekommen und werden viel zu früh erkennen, dass es auch steile Wege nach unten gibt. Wenn sie nur immer wieder zu den Lichtblicken eines erhabenen Ortes zurückkehren, an dem die Seele Atem holen kann.

Nicht weit ist es vom Eugensplatz, dem Treff der Liebenden, zur Gänseheide. Natürlich führt zu dem idyllischen Aussichtsort mit seinen Kastanien und den verzierten Geländern ein »Stäffele«. Und zwar ausgerechnet das »Sünderstäffele«, bei dem es sich um eines der ältesten »Stäffele« der Stadt handelt. Es ist belegt, dass es schon im 14. Jahrhundert existierte. Wir entnehmen der Stadtarchitektur, dass es von der Liebe zur Sünde nicht weit ist. Woher der Name kommt, ist allerdings vollkommen unklar. Wurde hier vielleicht ein Verbrecher hingerichtet, der der Treppe seinen Namen gab? War vielleicht der Winzer des einstigen Weinberges ein Sünder oder hieß er nur so? Oder hat sich eine stets sparsame Stuttgarter Hausfrau über ein sündhaft teures »Stäffele« beschwert, wie manche Stuttgarter bis heute spekulieren?

Allgemein geben die »Stäffele« Einblick in die Stuttgarter Historie, denn sie würdigen in ihren Namen manche großen Töchter und Söhne der Stadt. So erinnert eine der längsten Treppen, die Willy-Reichert-Staffel, an den berühmten Volksschauspieler und die Helene-Schoettle-Staffel an die ehemalige Stadträtin und Trägerin des Bundesverdienstkreuzes.

Man kann schon erahnen, die Stuttgarter »Stäffele« vermitteln tiefere Wahrheiten über Gott, die Welt und den Schwaben. So gibt es jüngst sogar auf eine Bürgeranregung ein »Bruddlerstäffele«, auf dem die Stuttgarter nach Herzenslust ihrem Laster, dem »Bruddeln«, stuttgarterisch für Herummeckern, nachgehen können. Ob es sich auf dem »Stäffele« besonders gut »bruddeln« lässt oder der Ärger mit etwas körperlicher Betätigung einfach schneller vergeht, auf jeden Fall eine praktikable Sache.

»Stairway to Heaven« sind bei uns, na klar, ein Hit. Unsere »Stäffele« führen tatsächlich bis zum Himmel. Oberhalb vom Dachswald befindet sich eine Straße, die »Im Himmel« heißt. Zu ihr gelangt man – na wie wohl? – über Stufen.

Die »Zacke« – auch ohne Treppensteigen zur schönsten Aussicht

So sehr man Stuttgart liebt, man kann es nicht leugnen: Es gibt eine Menge Höhen und Tiefen. Aber es dauert bei uns selten lang, bis es wieder irgendwo bergauf geht. Ein Ausbund an Beständigkeit bei diesen ständigen Ups and Downs ist die »Zacke«. Schon seit über 130 Jahren verbindet die Zahnradbahn den Stadtkern mit den Filderhöhen.

Zwischen dem Bau 1884 und 1902 quälte sich die fahrende Aussichtsplattform mit Dampfantrieb bergan auf der 2,2 Kilometer langen Strecke mit Steigungen bis zu knapp 18 Prozent. Dann wurde sie elektrisiert. Mittlerweile freut man sich in Stuttgart auf die vierte Generation von Wagen, die elektronisch betrieben werden. Acht Millionen Euro lassen sich die Stuttgarter Straßenbahnen die drei Wagen von der Schweizer Firma Stadler kosten, die 2021 in Betrieb genommen werden sollen. Wenn es so weit ist, werden die alten Wagen vom Typ GT 4 nach 36-jähriger Dienstzeit ausgestellt.

Das ratternde und quietschende Gefährt, aus dem man einen herrlichen Ausblick in den Talkessel zwischen den grünen Hügeln hat, birgt viele Erinnerungen aus seiner langen Geschichte:

So warben zum Beispiel die Stuttgarter Straßenbahnen in den 1930ern mit dem Slogan »Hinauf zu Sonne und Licht – mit der Zahnradbahn!«. Auch damals gab es schon ein Lokal an der einzigen zweispurigen Stelle, der sogenannten Ausweiche, wo sich die Berg- und die Talbahn treffen. Dort konnte man sich damals mit einem halben Liter Märzen von Dinkelacker für 38 Pfennig erfrischen.

Ende der 1950er kostete eine Fahrt mit der Zahnradbahn vom Marienplatz nach Degerloch und zurück 30 Pfennig. Damals gab es einen Logenplatz für Kinder, in einer Nische links neben dem Führerstand. Ganz vorn neben dem Fahrer konnten sie stehen und staunen. Schwer auszumalen, was die Kleinen mehr beeindruckt hat. Die Aussicht oder die rumpelnde, lärmende Technik der gelben Bahn, die vom damals stehenden Fahrer mittels Schaltrad und

Kurbel aus Holz bedient und an den zahllosen Haltestellen knirschend zum Stehen gebracht wurde.

Eine weitere Episode der Zacke-Geschichte ist der Streit um die Richtige Benennung – »Zacke« oder »Zacketse«? –, der vermutlich um 1984 entbrannt ist. Der Legende nach soll SSB-Sprecher Peter Brodbeck, ein gebürtiger Berliner, zum 100-Jahr-Jubiläum der Bahn in der Festzeitschrift den kürzeren Namen »Zacke« eingeführt haben. Die Begründung soll gewesen sein, dass auswärtige Gäste angeblich »Zacketse« nicht aussprechen konnten. Brodbeck selbst widersprach später. Er habe 1984 das Wort »Zacke« drucken lassen, da es damals bereits von den Einheimischen öfter benutzt worden sei als »Zacketse«. Viele der älteren Stuttgarter mögen die Kurzform des Wortes für die Kletterbahn bis heute nicht. Man sage ja auch »Hocketse« und nicht »Hocke«, wird argumentiert.

Dass die »Zacke« auch heute noch große Bedeutung für den Verkehr hat, sieht man an folgendem Beispiel: Würden ein Radfahrer und ein Autofahrer am Marienplatz zu einem Wettrennen bis zum Degerlocher Albplatz aufbrechen, dann würde der Radfahrer gewinnen. Denn er kann seinen Drahtesel auf dem Vorstellwagen der Zacke festzurren. In elf Minuten ist die Bahn der Linie 10 oben angekommen. Mit gemütlichen, geradezu gediegenen 30 Stundenkilometern kann der Radler seine Kesselstadt in Ruhe von oben beobachten und über persönliche

Aufs und Abs nachdenken, während der Autofahrer Umwege nehmen muss und über rote Ampeln flucht.

Nicht wenige sagen übrigens, dass die Zahnradbahn Deutschlands Bahn mit der schönsten Aussicht sei. Wo San Francisco die »Cable Cars« hat, haben wir die »Zacke«!

Dächer der Stadt!

Der Kessel ist schön anzusehen vom Gipfel der ›Stäffele‹ oder aus der Zacke. Im Sommer wird es ganz schön heiß und manchmal ist es eng. Aber wir Stuttgarter wissen uns zu helfen, wenn die Hitze drückt und die Straßencafés voll sind. Dann heißt es: Ab aufs Dach!

Weit oben schmecken Drinks nach Urlaub. Der »Skybeach« an der unteren Königstraße und die Rooftop-Bar des Hotels »Jaz in the City« im Europaviertel – beide Orte sind nicht weit vom Hauptbahnhof entfernt – gehören zu Stuttgarts schönsten Gastroplätzen, auf denen man frei unterm Sternenhimmel mit Aussicht anstoßen kann.

Der feinkörnige Sand des Himmelsstrands kommt aus Dänemark, wo er besonders weiß ist. Zwischen den Palmen sieht man den Fernsehturm. Der Freiluft-DJ haut harte Bässe raus. »Bock aufs Meer?« steht auf 170 weißen Liegestühlen, die auf dem Dach des Kaufhofs rasch belegt sind, wenn die Sonne endlich stark genug ist, die Regenwolken zu vertreiben.

Doch Stuttgart ist die Stadt des Mineralwassers, nicht des Meerwassers. Was an Meer auf dem obersten Parkdeck unweit des Hauptbahnhofs fehlt, kann die Aussicht ein wenig ausgleichen. Die Illusion sonnt sich. Laute Musik und Holzwege überm Sand erinnern an die hippen Strandbars vom letzten Meerurlaub mit Sonnenuntergang.

»Stuttgart-Marketing schickt regelmäßig Touristen zu uns«, sagt Lothar Müller, der seit 2004 den »Skybeach« auf dem Kaufhof-Dach betreibt, »damit sie sehen können, wie idyllisch die Stadt im Tal liegt.«

Die Luft ist klar. Mit Feinstaub hat Stuttgart einen Imageschaden erlitten. Hier oben strahlt die Stadt scheinbar makellos so intensiv, als wolle sie Vorurteile widerlegen.

Der Sand reflektiert die Sonne. Faszinierend ist, wie grün die Hügel sind. Abends bei Dunkelheit leuchtet auf, was Stuttgarts aktuelles Wahrzeichen ist: der Baukran. Die Kräne, die nicht nur in Sachen Stuttgart 21 im Einsatz sind, tragen in der Horizontalen Lichter und bezeugen, wie zielstrebig eine schön gelegene Stadt umgepflügt wird.

Manchmal gibt's auf dem Beachdach eine Feuershow, wie sie Ibiza-Fans aus ihrem Urlaub kennen. Die Akteure des heißen Spektakels sind aber Stuttgarter. Die Gruppe »Stafffire« tritt bei Festen aller Art auf – und ist regelmäßig für den Stuttgarter Himmelsstrand gebucht.

Die Feuerspieler haben ihr Hobby perfektioniert. Einer von ihnen ist der Polizist Marcel vom Revier in der Klett-Passage. Bei der Arbeit läuft er in Uniform auf der Königstraße Streife. Nun lässt er mit freiem Oberkörper das Feuer kreisen. Das sieht gefährlich aus – und ist es auch.

»Man muss sich voll konzentrieren«, sagt Marcel. Seit über zehn Jahren tritt er als Mann des Feuers auf, in denen es in seiner vierköpfigen Gruppe keinen Notfall gab. »Bisher habe ich nur mal Brandsalbe gebraucht«, verrät er. Als Polizist hat er so gut wie nie im achten Stock des »Skybeach« zu tun.

Dass es keine Zwischenfälle gibt, dürfte an den strengen Türstehern liegen. Sie lassen nicht jeden rein. 550 Gäste dürfen gleichzeitig da sein. Bei schönem Wetter müssen viele abgewiesen werden.

2003 hat Lothar Müller, dem »Skybeach«-Chef, ein künstlich an der Seine aufgeschütteter Sandstrand so sehr gefallen, dass er diese Idee unbedingt nach Stuttgart bringen wollte. Ohne einen Fluss durch die Stadt gehe das nicht, dachte er zunächst. Dann sah er in der Zeitung ein Foto, das vom Bahnhofsturm gemacht wurde. »Da hat es klick gemacht«, erzählt Müller. Die Leute vom Kaufhof konnte er rasch überzeugen, weil ein Strand gut fürs Image ist. Anders als im »Milaneo« ist das Parkhaus hier rund um die Uhr geöffnet. Renner an der Theke ist übrigens die selbst gemachte Sky-Beach-Limo (mit frischer Minze, Ingwer, Limetten, Holunderblütensirup und Wasser).

Achtung, hier kommt unnützes Stuttgart-Wissen: 730 Meter Luftlinie vom Kaufhof-Dach entfernt befindet sich die Terrasse der »Wolfram-Bar« im Hotel »Jaz in the City«. Dieser Aussichtsplatz ist eine grüne Oase, auf der abends die Außentheke lilafarben leuchtet. Rooftop-Fans fahren mit dem Aufzug in den sechsten Stock. Einmal blieb eine Kabine stecken. Als Italiener nach einem Wasenbesuch drinnen wild umherhüpften, ging nichts mehr. Die Feuerwehr musste die Touristen befreien.

Auf der Terrasse befindet sich ein abgesperrter Teil, der als Kinderspielplatz für die Bewohner der teuren Eigentumswohnungen ausgewiesen ist. Die Bauvorschrift verlangt dies, auch wenn gar keine Kinder in dem Luxusturm mit den 18 Etagen, der »Cloud No 7«, wohnen.

Nah an den Wolken muss die Freiheit grenzenlos sein. Noch mehr öffentliche Dachterrassen unterm freien Sternenhimmel könnte Stuttgart vertragen. Es spricht für eine Stadt, wenn sie offen ist, speziell nach oben offen. Orte für den kleinen Urlaubshunger zwischendurch tun gut!

STADTLIEBE

Sogar ein Münchner liebt Stuttgart

»Büro München-West.« So heißt bei der »Süddeutschen Zeitung« redaktionsintern der überraschenderweise nicht so begehrte Außenposten in Stuttgart. Bayern kommen halt nur ungern aus ihrem Freistaat raus.

Dass es sich aber lohnt, ein Stuttgarter zu werden, sei es auch nur für fünf Jahre, hat der »SZ«-Wirtschaftsjournalist Max Hägler in einem Feldversuch herausgefunden. Als er als Baden-Württemberg-Korrespondent zu den Schwaben zog, musste er sich daheim rechtfertigen. Das Image von Stuttgart sei allenfalls mit dem von Hannover vergleichbar gewesen, erinnert er sich. Jetzt weiß Max es besser. Wissensdurstigen Landsleuten, etwa seinen Münchner Chefs, hat er vor seiner Rückkehr in die Zentrale seiner Redaktion einen seiner Lieblingsorte in Stuttgart vorgeführt: Das »Theater Rampe« unweit des Marienplatzes ist die einzige Spielstätte der Welt, in die jeden Abend eine Zahnradbahn hineinfährt. Und zwar keine andere als die »Zacke«, die im Theater übernachtet. Die Schienen ziehen sich durchs Foyer.

Es ist ein Ort, »an dem Erfindertum und Kultur zusammenkommen«, wie in der Einladung zu seiner Verabschiedung stand. Im Theater mit Gleisanschluss war an diesem Abend viel Prominenz zu sehen: Vom Trigema-Chef Wolfgang Grupp über dm-Chef Götz Werner bis zur Politikerin Theresia Bauer und EnBW-Chef Frank Mastiaux, vom Tübinger Oberbürgermeister Boris Palmer bis zum früheren Daimler-Chef Edzard Reuter – Schlagzeilenmacher sprachen an diesem Abend über »Landei«-Themen. Grupp, der wenige Jahre später Helene Fischer zum 100. Geburtstag seines Unternehmens auf die Schwäbische Alb holte, berichtete vom Zerwürfnis in seiner Alb-Stadt Burladingen, wo der Bürgermeister seine Gemeinderäte als »Landeier« beschimpft hatte. Gern würde er den Streit schlichten, müsse aber erst das Disziplinarverfahren gegen den Schultes abwarten, sagte er. Der Stuttgarter Oberbürgermeister Fritz Kuhn von den Grünen staunte über die Provinzposse. Weil Feinstaubalarm herrschte, war er mit dem Elektro-Smart in die Rampe gekommen, und sein Parteifreund Cem Özdemir himmelte die Zacke an, als die kurz nach 21.00 Uhr an ihren Schlafplatz rollte: »Da geht einem Grünen das Herz auf!«

Dass das gelbe Berggefährt etwas Einmaliges ist, wissen wir schon. Einmaligkeiten, so schwärmte

Hägler zum Abschied, gibt es in Stuttgart viele. Doch was machen die Leute daraus? Der scheidende Korrespondent vermisst Selbstbewusstsein und Stolz in der grünen Metropole.

Dafür beherrschen wir Stuttgarter das Bruddeln ziemlich gut. Das ging Max Hägler so richtig auf, als er mit dem Kollegen Roman Deininger in seinem ersten Stuttgart-Jahr beim »Hate Slam« wie ein Comedian bejubelt wurde. War das eine Wohltat für den Zeitungsmann! Junge Menschen standen eine Stunde lang draußen in der Schlange, um einer Print-Veranstaltung beizuwohnen. Beim »Hate-Slam« lesen Journalisten böse Leserpost vor. Das Publikum ermittelt die Sieger. Hägler hat gewonnen mit Briefen wie: »Sie Wurm – bei Ihnen werde ich hasskrank!« Seine Leser prangerten »Blümchen-Journalismus« an und einen »von keinerlei Sachkenntnis geprägten Hochmut«.

In den fünf Jahren haben wir dem Max jeden Hochmut erfolgreich ausgetrieben. So sehr, dass er widersprach, als die Rede auf seine »Abschiedsfeier in der Rampe« kam. Nein, nein, nein, das sei keine Feier, erklärte er, seine Zeitung »begehe« vielmehr seinen »Ausstand«. Alles andere klinge zu »pompös«. Feiern und protzen, dachten wir bisher, ist eine Münchner Spezialität, während Schwaben eher schaffig ihre Ruhe suchen.

Der mangelnde Stolz und das verkümmerte

Selbstbewusstsein, das Max Hägler als typisch für das schöne Stuttgart hält, ist in Wahrheit natürlich das Gegenteil von Schwäche. Unser Understatement ist wahre Größe. Max weiß es nun: Mir send obacha cool. Aber Münchner, die Stuttgart lieben, irgendwie auch.

Stuttgarter Glücksfälle

Die Tiere machen's vor. In der Verhaltensbiologie wird eine Hierarchie als Rangordnung bezeichnet, die innerhalb einer sozialen Gruppe bestimmte Rechte und Pflichten regelt. Auch Menschen scheinen Rangordnungen zu lieben, zu denen sie gern »Ranking« sagen. Zu allen möglichen und unmöglichen Themen werden Städte-Rankings aufgestellt. Nicht selten stehen Unternehmen oder Institutionen dahinter, die Werbung für ihre Produkte wünschen und sich vor allem mal wieder ins Gespräch bringen wollen. Ein Bewerbungsportal etwa lässt den Gehaltszufriedenheits-Index ermitteln. Und welche Stadt steht da auf Platz eins? Natürlich Stuttgart! Bei den Schwaben wird gut verdient. Geld allein macht aber auch nicht glücklich, was in unserem Fall nicht so schlimm ist. Denn auch bei den Glück-Rankings gehört einer der ersten Plätze traditionell der Kesselmetropole.

Manche mögen rätseln, warum die Schwaben die Liga der Glückspilze immer wieder anführen, obwohl doch unser Volksstamm das Bruddeln so meisterhaft beherrscht. Die Suche nach dem Glück treibt viele um. Glück ist eine Momentaufnahme, kein Dauerzustand. Stuttgart, die Schöne, hat's nicht leicht. Kaum einer sieht ihre Reize noch – die Stadt ist an vielen Ecken mit Bauzäunen umhüllt. Die Fülle an Baustellen – es wird nicht nur für das Bahnprojekt Stuttgart 21 gebuddelt, sondern für noch mehr Prestigearchitektur – lässt wenig Entspannung zu. Die Menschen sind ermattet von Staus, Feinstaub, Lärm. Und doch gibt's in der genervten Stadt Glück, viel Glück sogar.

Das wird Jahr für Jahr quasi auch amtlich ermittelt, was mit den Rankings, die Firmen aus Eigeninteresse in Auftrag geben, nichts zu tun hat. Bei den Bürgerumfragen der Stadt kommen stets mindestens Zwei-Drittel-Mehrheiten heraus. Über 75 Prozent der befragten Stuttgarterinnen und Stuttgarter bezeichnen Jahr für Jahr die Lebensqualität im Kessel und drumrum als »gut« oder »sehr gut«. Im Jahr 2018 sagten 81 Prozent der Befragten: »Ich lebe gerne in Stuttgart.« Die Lebensqualität kann hier also so schlecht nicht sein.

Einheimische wissen es: In Stuttgart gibt's viele Orte, die glücklich machen.

Einer dieser Glücksorte liegt unterhalb der Karlshöhe, ist fast versteckt und wie aus der Zeit gefallen. Nach Vorbildern italienischer Renaissancegärten hat Karl von Ostertag-Siegle, der Schwiegersohn des Industriellen Gustav Siegle, 1905 den Park angelegt, der heute als Städtisches Lapidarium zum Staunen, Träumen und zum Ruhefinden einlädt. Das lateinische Wort »lapis« bedeutet Stein. In diesem Freiluftmuseum erzählen 200 Skulpturen, Grabsteine und Steintrümmer abgerissener Bauten oft erstaunliche Geschichten.

Zu sehen ist etwa die Trophäenfigur, die auf dem Königstor thronte, auf dem letzten Stuttgarter Stadttor von 1809, das den Abschluss der unteren Königstraße bildete und 1922 abgerissen wurde. Auch Reste des Kronprinzenpalais können bewundert werden, das nach heftigem Streit vom heutigen Platz des Kunstmuseums in den 1960ern für den Verkehr verschwinden musste.

Stein ist verdichtete Vergangenheit. Stein, der nach Zerstörungen übrig geblieben ist oder für Neues weichen musste, regt zum Nachdenken an über das Wesen des Menschen und damit auch über Vergangenheit und Zukunft. Die schwäbische Seele – von Höhen und Tiefen geprägt – findet im Stein den Weg in die Ausgeglichenheit.

Von den Tiefen des Lapidariums im Stuttgarter Westen wechseln wir auf die Höhen eines steinernen Denkmals im Stuttgarter Norden. 95 Stufen müssen wir erklimmen, um von der Empore des Bismarckturms einen Wahnsinnsblick in alle Himmelsrichtungen zu genießen. Was für Glücksgefühle man hier oben spürt!

Anfang des vergangenen Jahrhunderts wurden überall in Deutschland Türme zu Ehren des Reichskanzlers Otto von Bismarck gebaut. In Stuttgart war's die Studentenschaft der Technischen Hochschule, die den Turm 1904 errichten ließ. Obendrauf saß eine Feuerschale, aus der Flammen bis zu fünf Meter in die Höhe schlugen.

Heute dürfen Menschen rauf, und kaum haben sie den Aufstieg geschafft, sind sie Feuer und Flamme für eine Stadt, die friedlich im Kessel liegt, fast verträumt, wie es von oben erscheint. »Es stimmt: Stuttgart ist viel schöner als Berlin«, steht im Gästebuch des Turms gleich mehrmals. Keiner musste dafür abschreiben. Auch der Park am Fuß des Turms ist eine Oase zum Innehalten.

Der US-Psychologe Daniel Gilbert zählte mal die Irrtümer beim Streben nach Glück auf. Die Annahme, man müsse unglücklich sein, um zu schöpferischen Höchstleistungen angetrieben zu werden, sei völlig falsch. In Wahrheit bringe Glück mehr Kreativität hervor als Trübsal, sagt der US-

Forscher. Ein Trick der Evolution sei das Streben nach Glück. Denn im Grunde erhöhe alles, was glücklich macht, die Aussicht aufs Überleben. Daniel Gilbert zählt die »größten Glücksbringer der Welt« auf: »Fett, Salz, Zucker und Sex.«

Der Mann hat was vergessen: Auch eine traumhafte Aussicht ist ein Glücksfall – und in Stuttgart gibt es viele Glücksfälle.

Die Hauptstadt der Zäune

Schon lange hatte er nicht mehr in Stuttgart geschäftlich zu tun gehabt und sah auch sonst keinen Grund für einen Besuch bei uns. »Respekt«, sagte der Mann aus Mainz nach längerer Abwesenheit. Und es schien, als wolle er zum Lob ansetzen. »Eure Stadt ist wirklich einzigartig!«, sagte er.

Freut uns immer, wenn Auswärtige unser Stuttgart gut finden. Was gefiel ihm besonders? Das viele Grün in der Stadt? Unsere Hügel mit den tollen Ausblicken? Das Porsche- oder Mercedes-Museum?

Aber nein, nichts von alledem. Auch die »Stäffele« oder das Mineralwasser hatten es ihm nicht angetan.

Der Mann aus Mainz, den mir in einem Café eine Freundin vorgestellt hatte, ernannte Stuttgart zur Hauptstadt der Zäune. Am kaum noch frei zugänglichen Hauptbahnhof war er angekommen und mit einem Taxi zum Österreichischen Platz zwecks Wahrnehmung einer dienstlichen Pflicht gefahren. »Ihr seid die Zaunkönige der Nation, wann nehmt ihr den Zaun ins Stadtwappen?«

Es war sprichwörtlich ein Wink mit dem Zaunpfahl. In meinem Kopf fuhr ich die Strecke ab, die er vom Taxi aus gesehen hatte. Im Hauptbahnhof ist die Ankunft nach hinten gerückt, weil der vordere Teil der Gleise für Stuttgart 21 von Bauzäunen abgesperrt ist. Man muss nun weite Wege zurücklegen, was die vielen kleinen Ladenboxen der Bäcker, Metzger und Co. erklärt, die neuerdings an den provisorischen Gleisenden auf Kundschaft warten. Der erheblich verlängerte Fußmarsch strengt an – man sollte also Kraftnahrung kaufen.

Draußen vorm Schlossgarten ist der Zaun – das oft verwendete Wort »Einfriedung« passt hier nicht! – bereits vollgepinselt. »Scheißgrube 21« steht drauf. Weiter Richtung Süden verdeckt ein Bretterverhau den Landtag, obwohl der nicht tiefer gelegt wird. Das Hochhaus am Charlottenplatz ist von Zäunen umgeben, die Brache quer gegenüber ebenso, auf der zwischen Breuninger und Hotel Silber noch ein weiteres Shoppingcenter entsteht.

Zäune, überall Zäune. Die Besucher der Stadt werden zu Zaungästen.

Wo gehobelt wird, da fallen Späne. Wo gebaut oder umgebaut wird, da stehen Zäune. Und je länger sie stehen, desto bunter werden sie. Schüler waren beim Landtag auf der Seite zum Park am Werk. Kann Liebe Sünde sein oder eher Kunst? Die Umzäunung wird zur Leinwand, auf der eine Schwarzwald-Lady mit Bollenhut einen langmähnigen Mann mit nicht so klar definierbarem Hut küssen will.

Es gibt so viele Zäune: den Jägerzaun, den Elektrozaun, den Maschendrahtzaun. Der Bauzaun muss verdecken, weshalb man auf der Fläche dazu etwas schreiben oder malen kann. Nicht immer sieht das so gut aus wie die Schwarzwald-Schülerarbeit. Oft ist's ein Gesudel, das nervt.

»Eltern haften für ihre Kinder«, steht auf Bauzäunen. Doch wer haftet für die Architektur, die dahinter entsteht? Nicht immer wird das Neue besser.

Zäune, überall Zäune. Es sind so viele in der Stadt, dass wir befürchten, lange schon tot zu sein, bevor Stuttgart zaunfrei ist. Kaum einer wird alles mitbekommen, was da freigelegt wird, sollten die Zäune eines Tages wie die letzte Hülle bei einer Stripshow nach viel zu langem Hinauszögern doch noch fallen.

Immerhin sind wir Könige. Zaunkönige! Im Naturreich ist der Gartensänger bekannt für sein kräftiges und lautes Organ. Einst wurde er als Ziervogel im Käfig gehalten, weil er pflegeleichter ist als die Nachtigall. Laut sind in Stuttgart die Gegner von Bauzäunen für den Tiefbahnhof gewiss. Aber pflegeleicht? Wird gar etwas ganz anderes gebaut, was kein Demonstrant ahnt? Die Zaunstadt 22? Vielleicht werden riesige Zäune weit vor Stuttgart gebraucht, ringsherum, damit kein nörgelnder Mainzer reinkommt.

NEUE FARBEN FÜRS ROTLICHTVIERTEL

In der Uhu-Bar nachts um halb eins

»Woanders is auch Scheiße«, steht auf einem Bild, das – keiner weiß, wie lange schon – an der roten Wand der Uhu-Bar im Leonhardsviertel hängt. Peter Müller, zu dem alle Oskar sagen, ist der Chef der kleinen Raucherkneipe im Erdgeschoss eines Laufhauses. In aller Regel hockt Oskar bis morgens um 4.00 Uhr auf seinem roten Lieblingssofa ganz rechts. Sein Stammplatz befindet sich direkt neben dem Bareingang.

In diesem Haus mischen sich Welten. Unterm Puff wird gefeiert – regelmäßig die schon jetzt legendäre Schlagerparty. Die Uhu-Bar ist ein öffentliches Wohnzimmer, das beweist: Im Stuttgarter Rotlichtviertel, das »Städtle« genannt wird, geht es nicht nur um Armutsprostitution, Drogen- und Menschenhandel.

Vor dem Laufhaus quer gegenüber steht ein muskulöser Glatzkopf. Für einen Moment verlässt er seinen rot beleuchteten Arbeitsplatz, um beim

»Uhu« kurz mal was loszuwerden. Ist der kräftige Kerl gekommen, um sich über die laute Musik zu beschweren? Wird in einer der letzten milden Nächte dieses einzigartigen Sommers zu heftig in der Altstadt bei offenen Fenstern gefeiert?

Das Gegenteil ist der Fall. »Macht die Mucke lauter«, bittet er. »Voll mein Ding!« Zu leise würden die Nachbarn ihre Hits spielen. Er wolle bitteschön mehr davon auf der anderen Straßenseite mitbekommen.

In dieser Nacht ist Schlagerparty im Rotlichtviertel, wo Freier einzeln und in Cliquen umherziehen. Ihnen ist egal, dass der »Zug nach Nirgendwo« fährt und eine Lederlady »tausendmal belogen« wurde. Im Uhu steigt der »Event des Jahres«, wie auf der Einladung steht, natürlich mit Tanz, Früchtebowle und Käse-Igel.

Neben Oskar, der einst in Frankfurt ein Lokal für Zuhälter betrieb, bevor er 2006 die Stuttgarter Bar unterm Puff übernahm, hat Karl-Heinz, sein Kumpel seit 60 Jahren, auf dem Sofa am Eingang Platz genommen. Etwa eine Viertelstunde hocken sie stumm nebeneinander, bis Oskar zum früheren Antiquitätenhändler rüberschaut und sagt: »Karl-Heinz, red nicht so viel.«

Auf Anraten des Arztes soll Karl-Heinz nicht mehr trinken und hält ein Glas Apfelsaftschorle in der Hand – es sieht nach Whisky aus. Karl-Heinz redet nicht viel, aber niemals drumrum. »Altwerden ist der größte Mist, den es gibt«, sagt er.

»Ja, kommt gleich nach Sterben«, wird ihm erwidert.

Gegen 23.00 Uhr lässt sich der Chef das Mikrofon reichen. Seine Matrosenmütze hat der Uhu-Mann, stolze 1,68 Meter groß, schon aufgesetzt. Will er nun Hans-Albers-Lieder von der Reeperbahn singen, wie er dies manchmal tut? Oskar begrüßt die Gäste und stellt seine Gesangseinlage für später in Aussicht. Erst aber gelte eines, so ruft er laut: »Uuuuuuumsatz!«

Für den Umsatz sind die Zwillinge Klaudia und Kornelia Kacijan zuständig. Meist arbeiten sie hier getrennt. Sie teilen sich die Nächte neben ihrem Bürojob auf. Nicht jeder Gast weiß, dass es seine Lieblingskellnerin quasi zweimal gibt. Bei der Schlagerparty aber sind die Twins mit den slowenischen Wurzeln beide da und sorgen für Verblüffung.

Klaudia Kacijan erinnert sich, wie sie vor etwa vier Jahren die Weinstube Fröhlich gegenüber besuchte. Zum Rauchen ging sie raus auf die Straße. Weil es kalt war, bat sie Wirt Oskar zu sich in die Uhu-Bar, wo man im Innern qualmen darf. Die beiden verstanden sich so gut, dass daraus zwar nicht Oskars fünfte Ehe wurde, aber eine Geschäftspartnerschaft.

Der Wirt, der beklagt, dass es »kein Milieu« mehr in der Altstadt gibt, ebenso wenig wie die damit verbundene Ehre und Hilfsbereitschaft, fühlte sich langsam zu alt, das Lokal allein zu führen. »Meine Klaudia«, sagt er, werde mal alles von der Bar erben.

Zum Erben gibt's nicht viel. Immer, wenn er viel Geld gehabt habe, erzählt Oskar, habe er dumme Sachen gemacht. Dass er noch lebt, ist für ihn ein Wunder. In Frankfurt spürte er mal eine Pistole an der Schläfe. Nach der Wahrscheinlichkeit eines langen Altstadt-Lebens hätte er längst »erschossen« und »erstochen« sein müssen, sagt er. Weil er klein ist, anders als die »Schränke« des Frankfurter Rotlichtviertels, habe er »mit Grips« überlebt. Nun steht er in Stuttgart in seiner Uhu-Bar, die über einen gemeinsamen Eingang mit dem Laufhaus darüber verfügt. Junge Kerle begrüßt Oskar etwa so: »Wenn ihr ficken wollt, geht hoch.« Bei ihm haben Freier nichts verloren. Eine Kordel hängt am Eingang seiner Bar, die nur geöffnet wird, wenn er oder seine Zwillinge sicher sind, dass die Gäste in dieses Biotop passen.

Der Mann mit der Matrosenmütze ist eines der letzten Originale der Altstadt, die, wie er fürchtet, vor die Hunde geht. »Du kannst nicht immer 17 sein«, dröhnt aus den Boxen. Was sein bestes Alter war? »Zwischen 20 und 30«, antwortet er, »da hatte ich drei Frauen gleichzeitig und Blinky.« Blinky war sein Hund, benannt nach einem Kronzeugen gegen die Mafia.

Die Uhu-Bar ist in dieser Schlagernacht rappelvoll. Immer mehr kommen, wippen mit, strahlen, tanzen. Die Treppe, die am Eingang zu Oskar und den Zwillingen vorbeiführt, knarrt unentwegt. Freier wollen nach oben, kommen aber meist schnell wieder runter.

Das »Städtle« lebt und ächzt unter den negativen Folgen des Sexgewerbes. Dazwischen leuchten bunte Orte wie die Uhu-Bar. Die bringen andere Farben zum Rotlicht in ein Viertel, das eine letzte Chance erhält, dank der neuen Vielfalt mit Subkultur und Szene. »Manchmal möchte ich schon mit dir«, singt Roland Kaiser. Man möchte mehr davon – mehr Beweise dafür, dass das Leonhardsviertel nicht immer nur trostlos ist.

Mit der größeren trostlosen Seite des Viertels, die wir hier keinesfalls verharmlosen wollen, beschäftigt sich Maria Kaiser. Seit über 15 Jahren engagiert sie sich im »Städtle« dafür, dass es den Prostituierten ein kleines bisschen besser geht. Die gelernte Bankkauffrau kann viele Geschichten erzählen. Eine davon handelt von einem älteren Mann, der immer am Donnerstagabend am Prostituiertencafé »La Strada« vorbei läuft, in dem Maria ehrenamtlich arbeitet. Irgendwann sprach sie ihn an, was er denn immer zur selben Zeit hier zu tun habe. Der abendliche Rotlichtgänger redete nicht groß drumherum.

»I ko no«, antwortete er, »mei Frau mag net – und donnerstags hat se Turna.«

Mit solchen Anekdoten sorgt Maria Kaiser, die vom katholischen Bischof für ihr Ehrenamt mit der Martinusmedaille ausgezeichnet worden ist, für Schmunzeln. Viele Geschichten, die sich im ältesten Kern von Stuttgart ereignen, sind jedoch traurig, bedrückend – und sie machen wütend. Wütend auf Menschenhändler, die Frauen aus bettelarmen Ländern mit falschem Versprechen nach Deutschland locken. Wütend auf Freier, denen die Not dieser Frauen egal ist.

»Wen man da alles sieht«, sagt die »La-Strada«-Helferin, »Schüler, Studenten, Blaumann- oder Anzugträger, Rentner.« Wenn die resolute Frau über Freier spricht, schaut sie streng. »Männer sind Schweine«, entfährt es ihr. »Würdet ihr euch anders verhalten, wäre unsere Arbeit überflüssig.«

Überflüssig dürfte die Anlaufstelle für weibliche und männliche Sexarbeiter (das Café »La Strada« nur für Frauen wird an manchen Tagen zum Café »Strich-Punkt« für junge Männer, die anschaffen) leider noch lange nicht werden.

»La Strada« heißt »die Straße«. »Straßenmädchen«, so nannte man die Prostituierten früher. Zwar ist der Straßenstrich im »Städtle« zurückgedrängt, was Maria Kaiser auf Oberbürgermeister Fritz Kuhn zurückführt. Doch das Elend hinter den mit rotem Licht beschienenen Wänden habe keineswegs nachgelassen. Mit etwa 20 Mitstreiterinnen will sie den Alltag der Frauen, die überwiegend aus Rumänien kommen, erleichtern und deren Ausstieg fördern. Angst hat Maria Kaiser nachts im Rotlichtviertel nicht. Unangenehm werde es höchstens, wenn sie ein ihr bekanntes Männergesicht sieht. Einige Male habe sie sich versteckt. Für ein Verbot der Prostitution tritt Maria Kaiser nicht ein. »Man muss realistisch bleiben«, sagt sie.

In der Uhu-Bar ruft Oskar nun: »Ruhe im Puff!« Denn jetzt will er singen und schnappt sich das Mikrofon. Es ist nach Mitternacht, Zeit für den Reeperbahn-Hit von Hans Albers, den er in guten Nächten anstimmt. Diese Nacht gehört zu den guten. Oskar singt laut und vergnügt. Es wird geschunkelt, mitgesungen, alles tobt. In der Uhu-Bar nachts um halb eins wird klar: Ein armer Wicht ist, wer nicht die schönen Seiten aus dem Leben rausholt. Wo anders mag's Scheiße sein, denkt sich so manch ein Gast, der zum betreuten Trinken kommt, hier aber nicht.

Wie lautet die Parole?

Verrucht und versteckt: In einer dunklen Gasse der Stuttgarter Altstadt befindet sich hinter grauer Fassade ein Schmuckstück: eine »Speakeasy«-Bar. Draußen deutet nichts darauf hin, dass drinnen die Reise in die Vergangenheit beginnt. Nur wer die Parole kennt, darf rein.

Mafiaboss Al Capone war kein Stuttgarter, aber der Holzmaler Johannes Mack lebte hier. Auf den ersten Blick haben die beiden Männer, die schon lange tot sind, nichts miteinander zu tun. Doch im Rotlichtviertel wird auf raffinierte und vielleicht sogar abenteuerliche Weise der Bogen zwischen den beiden geschlagen.

Dort, wo die ehemalige Stadtmauer noch die Schatten ihres Verlaufs auf die Gasse zu werfen scheint, leben an einem geheimen, von außen nicht einsehbaren Ort der Altstadt die rauschenden Zwanziger auf, als in den USA die Prohibition herrschte und die Leute heimlich Alkohol tranken, als gleichzeitig die Wirtschaft boomte und die Kultur blühte.

Das Vorbild sind amerikanische Speakeasy-Bars (Flüsterkneipen), die auch ohne Alkoholverbot weltweit in Großstädten eine Renaissance erleben. In New York nannte man in den Zeiten der Prohibition versteckte Bars »Speakeasies«, da man nur hinter vorgehaltener Hand über sie sprach und auch drinnen nur leise reden durfte, um kein Aufsehen bei der Polizei oder den Nachbarn zu erregen. Einlass bekam nur, wer die Parole kannte. Dies wiederholt sich nun in der Weberstraße. Hier treffen heute Al Capone, der Geschäfte mit verbotenem Alkohol machte, und der Stuttgarter Holzmaler Johannes Mack aufeinander. Die Bar, die das Versteckspiel vergangener Zeiten stilvoll nachempfindet, befindet sich in der einstigen Werkstatt des Künstlers, wenige Schritte von den Laufhäusern entfernt. »Johannes Mack hat in diesem Gewerberaum 1908 gearbeitet«, sagt Jörg Kappler, der mit Micha Kaiser die neue Bar betreibt, »man findet heute noch viele Spuren von ihm.« Das Haus mit der Werkstatt des Holzmalers ist 1905 im Auftrag von Eduard Pfeiffer und dessen »Verein für das Wohl der arbeitenden Klassen« erbaut worden. Die einstige Arbeitsstätte von Johannes Mack bietet etwa 40 bis 50 Bargästen Platz und soll »nicht nur als Ort zum Konsum von flüssigen Substanzen dienen«, wie Peter Stellwag sagt, der das Konzept erarbeitet hat, sondern sich auch »an ein aufgeschlossenes Publikum« wenden, »das die Fragen der Zeit in Kunst, Kultur, Architektur und des sozialen Zusammenlebens« diskutiert. Die Parole spricht sich übrigens herum oder kann per E-Mail erfragt werden.

Direkt neben der versteckten Holzmaler-Bar befindet sich das Eros 11 a mit heruntergelassenen Rollläden. Anfang 2018 wurde das Laufhaus auf Betreiben der Stadt per Gerichtsbeschluss geschlossen, weil es nicht unter Bestandschutz steht. Erneut sind rote Lichter in der Altstadt ausgegangen – und erneut sorgen Wirte dafür, dass dank ihrer hochwertigen Barkultur ein anderes Publikum den Weg ins Leonhardsviertel findet, nicht jenes, das sexuelle Dienstleistungen in Anspruch nehmen will.

Im Nebenraum des Holzmalers ist eine Tänzerin mit Bananen-Rock als Gemälde an der Wand zu sehen. Diese erinnert an Josephine Baker, die für die Selbstbestimmung der Frau eingetreten ist. Die Tänzerin auf dem Bild trägt eine Gorilla-Maske, die für die »Guerilla Girls«-Bewegung aus den 1980ern steht, die bei ihren politischen Aktionen für die Gleichberechtigung der Frau diese Kostümierung trug.

»Hier im Rotlichtmilieu müssen viele Frauen Arbeiten verrichten, die sie nicht wollen«, sagt Peter Stellwag, der vor über 30 Jahren das legendäre Café Stella an der Stadtautobahn mitgegründet hat. Das Guerilla-Girl der Cocktailbar wendet sich gegen die Ausbeutung der Frau, erklärt er.

Als Jörg Kappler und Micha Kaiser, zwei Mitarbeiter beim Daimler, vor 2011 das Gebäude an der Weberstraße relativ günstig kauften – keineswegs um noch ein Laufhaus zu eröffnen –, ahnten sie nicht, dass sie in diesem Wohnhaus mal eine Bar im Erdgeschoss in Auftrag geben würden. Als der Mieter der unteren Wohnung auszog, wandelten sie auf den Spuren des Holzmalers Johannes Mack, der billige Dünnhölzer verarbeitete, auf dass sie wie edle Eiche aussahen.

Ein riesiges Leuchtbild von einem Seerosenteich schmückt die lange Theke, hinter der zwei junge, ambitionierte Bartender und ein Stadtoriginal, das sich »Dino« nennt und ein solcher ist in der Stuttgarter Gastroszene (unter anderem arbeitete er im »Bix«), dienstags bis samstags die Drinks mixen.

Dass immer mehr Clubs und Bars jenseits vom Eros-Gewerbe im Rotlichtviertel eröffnen, fördert die Nachbarschaftshilfe nicht unbedingt. Tiefe Gräben ziehen sich durch die Altstadt. Etliche Bordellbetreiber, so hört man, freuen sich über den Wandel nicht. Sie fürchten, dass sich Freier angesichts der brummenden Barszene nicht mehr ins Viertel trauen, weil sie nicht gesehen werden wollen. Es wäre sicher wünschenswert, dass auch tagsüber ein Café in diesem Quartier eröffnet, sodass nicht nur abends Freunde der Barkultur das Viertel aufwerten.

Das Vermächtnis der »Speakeasies« aus der Prohibition von 1920 bis 1933 lebt übrigens heute noch in anderer Form weiter: Cocktails. Sehr viele der leckeren Alkoholmischgetränke sind erfunden worden, um mit dem Mischen des illegal destillierten Alkohols mit Fruchtsäften den Geschmack des Verbotenen zu überspielen. Ob in Stuttgarts blühender Barszene wohl auch ein neuer Cocktail erdacht wird?

Was auf 50 Quadratmetern möglich ist

Das hätte dem Justus Pankau gut gefallen! Der Kameramann mit dem Käppi und dem markanten Backenbart – Fernsehgeschichte hat er geschrieben – schaut von einem der »Rotraits« herab, wie die Fotokünstlerin Silvie Brucklacher-Gunzenhäußer ihre intensiven Porträts von leidenschaftlichen Stuttgartern vor roter Leinwand nennt. Er sieht das Gedrücke, Geschiebe und Gelächter in dem neuen Treffpunkt der Altstadt, dem Kultur- und Kunsttreff »50 qm«.

Der im November 2017 mit 93 Jahren verstorbene Pankau war ein echtes Stuttgarter Original und umgab sich gern mit den Kreativen der Stadt, die in dem exakt 50 Quadratmeter großen Raum eine Präsentationsfläche haben. »50 shades of culture«, so könnte man sagen.

»Ich kenn Laura seit 1785«, sagt ein älterer Herr und lacht. Clublegende Laura Halding-Hoppenheit, eine der drei Betreiber des Kultur- und Kunsttreffs, hat bereits im Mai 2018 an der Pfarrstraße unweit des Züblin-Parkhauses »Tom's Bar« eröffnet. An der Umgestaltung der Altstadt will sie mitwirken. Kurz nach der Bareröffnung mietete die Politikerin der Linken (Markenzeichen: die roten Haare und ihr Lieblingswort »Horrror!«) gleich nebenan den ehemaligen Laden einer Schlosserei an, der seit vielen Jahren ungenutzt war.

Aus ihrem Plan, von diesem Ort aus mit Außengastronomie das Viertel zu beleben, ist nichts geworden. Ihren Wunsch, dass einige Parkplätze draußen verschwinden und dafür bei schönem Wetter Tische und Stühle aufgestellt werden, konnte oder wollte die Stadt nicht erfüllen. »Tom's Bar« lief zwar, aber der Kulturtreff nebenan blieb verwaist. Die Wirtin zahlte ein Jahr lang Miete, ohne dass etwas geschah.

Dann fand sie zwei Mitstreiter: Die Fotokünstlerin Silvie Brucklacher-Gunzenhäußer und deren Mann, Rüdiger Gunzenhäußer, der Vorsitzende des Förderkreises des Altstadt-Theaters, haben mit ihr einen schönen Raum geschaffen, in dem es wechselnde Ausstellungen, Lesungen, Konzerte und Gespräche gibt. Keine öffentlichen Zuschüsse erhält das »50 qm«, sondern wird aus Liebe zur Kultur ohne kommerzielles Interesse privat finanziert.

Erneut wird das Rotlichtgewerbe zurückgedrängt. Die Zeit der Animierlokale scheint endgültig vorbei.

Gleichzeitig häufen sich die Klagen, dass wieder mehr Prostituierte auf der Straße stehen und Männer ansprechen, was verboten ist. »Die Polizei macht zu selten Kontrollen«, so wird geklagt. Der Straßenstrich und der Drogenhandel kehren zurück.

Und doch stellen sich Kulturfreunde und Wirte mit Herz und Leidenschaft gegen die Tristesse. Sie träumen von einer spannenden Altstadt-Mischung aus seriösen Kneipen, Handwerksbetrieben und originellen Läden.

Auch im einstigen »Wohnzimmer« von Fälscher Konrad Kujau, in der »Bier-Bar« am Leonhardsplatz, ist neues Leben eingezogen.

Mit frischen Scheinen soll »Champagner-Conny«, wie man ihn nannte, in den 1980ern die Altstadtbar mit den Korbmarkisen aufgemischt haben. Diskretion, erzählen Veteranen des Rotlichtviertels, sei nicht das Ding des Malers gewesen. Stets mit dem Taxi fuhr er vor. Für 9,3 Millionen D-Mark hatte er die falschen Hitler-Tagebücher an den »Stern« verkauft. Von diesem Geld brachte er eine ordentliche Summe in der »Bier-Bar« durch. Das Animierlokal, das seit Ende des 19. Jahrhunderts auch ohne Rotlicht der Gastronomie gedient hat, nimmt einen

Platz in der größten Eulenspiegelei der deutschen Mediengeschichte ein. Nun weht hier ein anderer Wind.

Robin Giesinger und Florian Roller, Freunde seit Kindheitstagen, haben aus der »Bier-Bar« das »Rocco« gemacht. Die Kumpels, die schräg gegenüber seit einem Jahr die Cocktailbar »Puf« betreiben, haben das Interieur der Bar komplett mit einzigartigem Design und ausgefallenen Materialien umgebaut. Die legendären Korbmarkisen wurden restauriert und neu bespannt.

Was das »Rocco« sein will, erklärt Giesinger so: »Startet ruhig als Bar und endet wild.« Man habe sich ein »erstes richtiges Dancing- und Drinking-Konzept« ausgedacht. In der Cocktailbar mit hochwertigen Drinks gibt es DJ-Begleitung am Wochenende mit Soul, Funk, Disco, Elektro. Angesprochen wird ein Publikum ab Ende 20, »das nicht mehr in einen Club gehen und Spaß haben will«. Mittwochs gibt's Livemusik. Eine Plattform für junge, talentierte Musiker soll entstehen. Was das »Rocco« nicht sein will, sagt Giesinger klipp und klar: »Wir sind keine versteckte ›Speakeasy-Bar‹, sondern fallen auf und sind für alle da. Wir sind auch keine Szene- oder Hipsterbar.« Man wolle »einen Ort zum Wohlfühlen, Geselligkeit, Feiern und Fallenlassen« schaffen. Geöffnet ist von mittwochs bis samstags.

Als Roller und Giesinger im November 2018 ihre

Cocktailbar »Puf« auf der anderen Seite des Leonhardsplatzes eröffneten, stellten sie sich bei den Nachbarn vor.

»Gutes Benehmen ist heute selten geworden«, lobte der Uhu-Chef Oskar, eine Legende der Altstadt.

»Gehn wir in den Puff?« Wer dies vorschlägt, kann's anders meinen, als es klingt. Gehn wir bei Florian und Robin einen Whisky Sour trinken? Ihr »Puf« schreibt sich mit einem F weniger. Der Name kam zustande, weil der Innenarchitekt beim Umbau immer gefragt hat: »Treffen wir uns in eurem Puff?« Der Zusatz »Pleasure up Front« kam später hinzu. Die beiden Betreiber hatten Zweifel, ob ihr »Puf« in der Nähe von echten Bordellen eine so gute Idee ist. Der Name hat sich als Glücksgriff erwiesen. Jetzt können auch Frauen mal einen Puf(f) besuchen. Man trifft sich in einer gestylten Bar zum Wohlfühlen. An der Decke hängen Lampen, die mal ein Pizzablech waren.

Wer aus den Fenstern blickt, bekommt so manches zu sehen. Etwa den Mann, von dem Flo Roller erzählt, der vor der Bar mit Spucke den Ehering abstreift – als wär's den Beschäftigten in den Laufhäusern wichtig, dass ihre Freier unverheiratet sind. Man kann sehen, wie ein Kleinbus mit rumänischem Kennzeichen junge Frauen zum Arbeiten ankarrt. Was die beiden Barbetreiber über die Armutsprostitution und ihre Folgen hören, setzt ihnen ziemlich zu.

Mit immer neuen Bars, die weg vom Schmuddel führen, wird das Sex-Gewerbe im Leonhardsviertel zurückgedrängt. Das Quartier mischt sich. Die Altstadt lebt – und sie ist nicht nur rot. Die Not der Frauen in den Laufhäusern kommt damit stärker ins Bewusstsein von Menschen, die niemals in ein Laufhaus gehen würden.

KULTURHAUPTSTADT STUTTGART

Stuttgart tanzt in vielen Farben

Mit einem Koffer und einem Teddybär als Glücksbringer kam 1961 ein junger Däne im Alter von 19 Jahren in Stuttgart an. Es war der Tänzer Egon Madsen. Der große John Cranko, der Vater des »Stuttgarter Ballettwunders«, hatte ihn in Kopenhagen entdeckt. Madsen wurde das »E« in dem berühmten Pas de quatre. Mit den »Initialen R.B.M.E.« wuchsen vier Starpersönlichkeiten zusammen – mit Madsen waren dies Richard Cragun, Birgit Keil und Marcia Haydée.

Heute ist der Däne mit dem Teddybär Tanzcoach bei »Gauthier Dance« im Theaterhaus. Egon Madsen ist damit ein Verbindungsglied zwischen dem großen Stuttgarter Ballett, das Tanzgeschichte geschrieben hat, und dem modernen, zeitgenössischen und experimentierfreudigen Tanz, für den die Kompagnie des gebürtigen Kanadiers Eric Gauthier auf den Höhen des Pragsattels steht, der selbst mal Solist im Opernhaus unten im Talkessel war. Die Ballettstadt hat damit gleich zwei Trümpfe, die international Begeisterung auslösen. Stuttgart tanzt in allen Farben.

Zur großen Stuttgarter Ballettfamilie gehört auch George Bailey. John Cranko hat »Sunshine«, wie er den Pianisten nannte, vor über vier Jahrzehnten zu sich geholt. Als Korrepetitor wurde der US-Amerikaner Teil eines Tanzwunders.

Wenn du jung bist, steckst du so tief im Leben drin, dass dir gar nicht auffällt, wie hell der Schatz deiner Jugend leuchtet. Wie auch hätte der in Denver geborene George Bailey wissen können, dass er Anfang der 1970er, nachdem er seinen Militärdienst in Germany beendet hatte, durch eine Verkettung von Zufällen genau dort mittendrin landen sollte, wo das wichtigste Kapitel der deutschen Tanzgeschichte geschrieben wurde.

Bailey, der in den USA Musik studiert hatte, eröffnete nach seiner GI-Zeit in Heidelberg einen Jeansladen und lernte dabei Stuttgarter kennen. Die luden ihn zu einer Party bei einem Zahnarzt ein, wo sich Mitglieder des Balletts trafen. In der Wohnung stand ein Klavier, an das sich der Jeansverkäufer setzte. Alle waren begeistert. Einer schwärmte besonders – John Cranko.

Der Ballettchef fragte den Pianisten, ob er nicht Korrepetitor bei ihm werden und von Heidelberg nach Stuttgart ziehen wolle.

»Ich wusste nicht, was ein Korrepetitor ist«, erinnert sich George Bailey. 41 Jahre lang sollte er diesen

Beruf ausüben – bis er sich 2013 im Alter von 69 Jahren in den Ruhestand verabschiedet hat. Mit dem Klavier oder dem Tonband begleitete der dunkelhäutige Strahlemann nicht nur Tänzerinnen und Tänzer bei Proben mit einer bis heute sprichwörtlichen Präzision. Er löste oft auch dank seines Humors und seiner Ruhe Spannungen auf, zu denen es kommt, wenn Künstlertemperamente aufeinanderprallen. Und er kannte – und kennt noch immer – die klassischen Ballettinszenierungen bis ins kleinste Detail.

Dies dürfte der Grund gewesen sein, warum der neue Intendant Tamas Detrich den Pianisten 2019 gefragt hat, ob er mit 74 Jahren nicht noch einmal auf der Bühne mitwirken könne – bei der Wiederaufnahme zum 40. Geburtstag von »Die Kameliendame«, dem Ausnahmewerk von John Neumeier. Weil der Pianist das Stück so gut kennt, kann er korrigierend einschreiten, wenn was nicht stimmt. »Es sind Gläser auf der Bühne«, sagt er, »einmal fiel eines auf den Boden.« Rasch musste er die Scherben beseitigen. Ein andermal wurden die Möbel nicht korrekt platziert – auch da konnte Bailey helfen.

Die Rückkehr auf die Bühne des Balletts war für ihn ein zutiefst emotionales Erlebnis. So viele Höhepunkte seines Lebens hat er mit der Kompanie erlebt, arbeitete seit Cranko für alle Intendanten. Und er weiß, was sich in all den Jahren verändert hat und was zum Glück nicht. »Die Technik der

Tänzer ist heute auf einem viel höheren Niveau, viel athletischer.« Friedemann Vogel und Alicia Amatriain, die neuen Stars der »Kameliendame«, seien »ganz großartig«, schwärmt er.

»Die Liebe höret nimmer auf«, steht auf der königlichen Grabkapelle auf dem Württemberg. Beim Stuttgarter Ballett ist dies nicht anders. Nach Baileys Abschied in den Ruhestand blieb der Kontakt zum Ensemble eng. Man trifft sich privat. Die Jungen hören die Geschichten der Alten gern, und die Alten bleiben mit den Jungen jünger. Die Alten haben den Reichtum des Lebens erfahren und die Zumutungen. Die Jungen haben noch viele Träume zu entdecken und erkennen, dass Gespräche mit einem Wissenden sie weiterbringen können.

Eine Geschichte kommt immer wieder gut an: Im Sommer 1972 saß Bailey in der Ballettpause auf den Stufen vor der Oper. Ein ebenfalls junger Mann schob sein Rad am Eckensee vorbei. Crankos »Sunshine« sprach den Radler an, der ihm gefiel. Zur zweiten Hälfte kehrte er nicht in die Oper zurück. Stattdessen schloss sich der Pianist dem Radfahrer an. Bis heute sind sie ein Paar. Albrecht Mayer, der bis zur Rente im Kultusministerium gearbeitet hat, ist, wie sein Lebensgefährte sagt, »der ordnende Ausgleich in meinem Künstlerchaos«.

Dass sich in Stuttgart früher als andernorts liberales Denken durchgesetzt hat, war ein Verdienst des

Balletts und seines 1973 viel zu früh verstorbenen Chefs John Cranko. Die Stadt liebte den charismatischen, experimentierfreudigen und offen schwul lebenden Vater des Ballettwunders. Bis heute liebt die Stadt Künstler, die sich dem Tanz mit Haut und Haar hingeben, die Emotionen in extremer Form ausleben und diese faszinierend weitergeben. Die Liebe zum Ballett höret nimmer auf.

Kulturmeile: Eine alte Wunde

Ein Bestandteil der Kulturmeile ist die Staatsoper.

Geballtes Wissen steckt in der Württembergischen Landesbibliothek, die quasi die Keimzelle der Stuttgarter Kulturmeile ist. Seit 2020 ist der Erweiterungsbau fertig. Über sechs Millionen Medien, darunter vier Millionen Bücher, 73.000 Notensätze, 28.000 CD-Roms, 147.000 Feldpostbriefe, 161.000 Flugblätter und 20.600 Bibeln in 682 Sprachen, gehören zu den Jahr für Jahr weiterwachsenden Schätzen dieser Bibliothek. Weder von dieser Menge noch von der Digitalisierung konnte Herzog Carl Eugen etwas ahnen, als er am 11. Februar 1765 in Ludwigsburg den Grundstein für den heutigen Büchertempel mit einem unschätzbaren Wert an Wissen legte. Im Beck'sche Haus (heute die Stuttgarter Straße 12/1) eröffnete der zwölfte Herzog von Württemberg eine der ersten öffentlichen Leseanstalten.

Die Bücherleidenschaft des Herzogs, der 77 uneheliche Söhne anerkannt hat, war enorm, besonders angetan hatte es ihm das Buch der Bücher, die Heilige Schrift. Knapp 20 Jahre nach Gründung der Bibliothek kaufte er 5.000 Bibeln und bibelähnliche Werke. 1777 kam die Sammlung nach Stuttgart ins Herrenhaus am Marktplatz. Der Umzug 1820 in das dritte Domizil, in den ehemaligen, wenig repräsentativen Invalidenbau, den heutigen Standort der Konrad-Adenauer-Straße, markiert den Anfang der Kulturmeile an der Neckarstraße.

Erst mit den Kriegsentschädigungen von 1870 und 1871 konnte ein erstes repräsentatives Gebäude aus Stein auf dem dahinterliegenden Gartengrundstück finanziert werden. Das Gebäude von 1883 wurde trotz Kriegsschäden des nördlichen Trakts bis 1970 als Landesbibliothek genutzt. Auch der Nachfolgebau ist dahinter gebaut und nach dem Umzug zugunsten der Tiefgarage abgerissen worden. 1944 brannte das Bibliotheksgebäude bei einem Luftangriff fast vollständig aus. Mehr als 400.000 Bände gingen verloren. Der Erweiterungsbau von Architekt Arno Lederer ist auf dem Grundstück der alten Landesbibliothek entstanden. Mit dem neuen Gebäude gibt es wieder einen Gehweg entlang der Konrad-Adenauer-Straße. Das »hochgelegte« Nachkriegshaus der Landesbibliothek und des Staatsarchivs sollen abseits der »Stadtautobahn« einen Ausblick auf die Hänge des Talkessels geben.

Auf der anderen Seite steht das Opernhaus, in dem das preisgekrönte Gesangsensemble und das Stuttgarter Ballett zu Hause sind. Von 1909 bis 1912 ist der Stolz der Stuttgarter nach den Plänen von Max Littmann als Doppeltheater mit Großem Haus (heute: Opernhaus) und Kleinem Haus (heute: Schauspielhaus) gebaut worden. Der botanische Garten, von König Wilhelm II. bereitgestellt, diente als Baugrund. Der Bau war notwendig geworden, weil am 20. Januar 1902 das Alte Hoftheater, das sich an jener

Stelle befunden hatte, auf dem heute der goldene Hirsch überm Kunstgebäude thront, ausgebrannt war. In nur neun Monaten ließ König Wilhelm II. auf dem Platz des heutigen Landtags ein Interimstheater bauen. Es wurde am 12. Oktober 1902 eröffnet, noch im Jahr des Brandes. Zehn Jahre befand sich hier der Mittelpunkt der Stuttgarter Bühnenwelt. Dank des liberalen Regenten konnten in Stuttgart Stücke aufgeführt werden, die man in Berlin wegen der restriktiven Zensur nicht sehen durfte.

Immer wieder landet die Stadt bei Rankings als deutsche Kulturhauptstadt auf Platz eins – und ist doch meilenweit davon entfernt, der Kultur in der City Vorfahrt zu gewähren. Was als Kulturmeile gilt, ist seit mehr als fünf Jahrzehnten eine Meile der Autos. Die Stadtautobahn zerreißt ein Quartier, das reich an kulturellen Glanzpunkten ist. Staatsgalerie, Musikhochschule, Haus der Geschichte, Landesbibliothek und Stadtpalais (das Stuttgart-Museum) auf der einen, die Oper, das Schauspiel und der Landtag auf der anderen Seite. Dazwischen rollt unermüdlich die Blechkarawane mehrspurig hin und her. Wer alte Fotos von Stuttgart betrachtet, entdeckt wunderschöne Plätze, die zugunsten einer autogerechten Stadt verschwinden musste. Der Streit, ob sich die Bundesstraße 14 verkleinern oder gar unterirdisch verlegen lässt, tobt seit Generationen in Stuttgart. Der Frankfurter Architekt und Stadtplaner Christoph Mäckler etwa plädiert dafür, die sechsspurige Trasse in einen Boulevard zu verwandeln, ohne den Verkehr zu verbannen. »Über die Champs-Élysées fahren auch täglich 60.000 Autos und man kann dort noch seinen Kaffee trinken«, argumentiert er. Lässt sich im Schlossgarten gar noch eine neue Philharmonie bauen? Die Liste der Ideen ist endlos.

Als am 9. Oktober 1958 die sanierte Staatsgalerie feierlich eröffnet wurde, gingen die Festgäste zu Fuß über die damalige Neckar- und heutige Konrad-Adenauer-Straße, von einer Stätte der hohen Kultur zur anderen. Im »Großen Haus«, wie die Oper damals hieß, hatte Bundespräsident Theodor Heuss ein großes Ereignis gewürdigt, worauf die Festgesellschaft gemeinsam zu den Ausstellungsräumen des Museums marschierte.

Das Gebäude der Staatsgalerie geht auf das Jahr 1843 zurück. Neben den Kunstsammlungen war auch die königliche Kunstschule dort untergebracht. Kurz vor dem Ersten Weltkrieg kam die Oper hinzu. Bäume, Grünflächen und Pflastersteine befanden sich zwischen den beiden bedeutenden Häusern. Die Straßenbahn ratterte dort, wo heute der Autoverkehr der Bundesstraße 14 tost – nicht nur zwischen der Alten und seit 1984 auch Neuen Staatsgalerie sowie dem Staatstheater, sondern auch zwischen Landtag und Musikhochschule samt Haus der Geschichte und Landesarchiv.

Die offene Wunde der Kulturmeile, für deren Heilung sich die Initiative »Aufbruch« um den früheren TV-Moderator Wieland Backes immer neue Vorschläge einfallen lässt und damit den Streit immer weiter anheizt, ist Stuttgart nach dem Krieg zugefügt worden: Der 2. Juli 1962 ist in die Stadtgeschichte eingegangen. An diesem Tag erfolgte am Charlottenplatz der erste Spatenstich fürs Stuttgarter Tunnelnetz. Zuvor war das im Krieg in Mitleidenschaft gezogene Hauptstaatsarchiv für die Verbreiterung der Neckarstraße abgerissen worden.

Die Motorisierungswelle hat den Kessel überflutet. 1960 sind 107.000 Kraftfahrzeuge in Stuttgart registriert worden, die sich zur Hauptverkehrszeit nur noch im Schritttempo bewegten. Im täglichen Stau wurde wütend gehupt – und gleichzeitig der Ruf nach der »autogerechten Stadt« immer lauter. Der Gemeinderat fuhr im Tempo der neuen Zeit mit und kannte keine Bremse mehr. Selbst historische Bauten wurden abgerissen, damit Autos auf neu betonierten Trassen schneller durchkommen konnten.

Den zuvor beschaulichen Charlottenplatz ließen die Stadtplaner gleich mehrfach untertunneln. Alle Hindernisse wurden aus dem Weg geschafft, damit sich zwei Bundesstraßen – die B 27 von Nord nach Süd und die B 14 von Ost nach West – ausbreiten konnten. In schöner Regelmäßigkeit wird über einen Deckel für die B 14 diskutiert. Im Frühjahr 2005 hat es östlich des Charlottenplatzes einen bescheidenen Anfang gegeben. Ein Teil der Konrad-Adenauer-Straße wurde mit einem Betondeckel versehen und begrünt. Manche hielten das für einen Witz.

Die Stuttgarter Kulturmeile hat viel Großes hervorgebracht. Kultur ist wichtig für die Attraktivität eines Wirtschaftsstandorts. Geldverdienen allein reicht nicht. Ein vielfältiges Kulturleben trägt dazu bei, dass die Menschen gern nach Stuttgart ziehen – nicht nur wegen der Arbeit.

Harald Schmidt steht auf Ützel-Brützel

Stuttgarts Rolle ist es nicht mehr, der größte Streber unter Deutschlands Städten zu sein. Stuttgart kann noch viel mehr. Stuttgart kann ausflippen und einen einzelnen Mann auf der Bühne wie einen Popstar feiern. Bei den Late-Night-Shows von Harald Schmidt im Schauspielhaus am Eckensee kann man's immer wieder erleben. Die Quote stimmt: Denn fast immer ist der Theatersaal mit 700 Plätzen ausverkauft, wenn der Entertainer viele Jahre nach seiner Fernsehkarriere in der Stadt Hof hält, in der für ihn alles begann. In den 1970ern träumte er als Student der Stuttgarter Schauspielschule davon, eines Tages mal auf der Bühne der ganz hohen Theaterkunst zu stehen. Jetzt, im Alter von 60 plus versucht er, die Applausstürme zu drosseln.

Menschen wie er bräuchten keinen Beifall, kommt es mit verschmitztem Lächeln von der Bühne. »Ich weiß, dass ich gut bin«, sagt er. Die 700 Gäste im ausverkauften Schauspiel sehen keinen Grund zu widersprechen.

Ihr Gott trägt weiße Haare.

Seine Witze sind klug, treffsicher, perfekt im Timing. Nicht viel dirty ist am Harry. Nur eine Zote rutscht ihm durch, die mit der Kontaktanzeige. »Suche Mann mit Pferdeschwanz«, habe eine Frau inseriert. »Frisur egal.«

Mit Selbstbewusstsein und Stolz auf die Heimat lädt der Entertainer das Publikum so sehr auf, dass sich keiner wundern sollte, wenn es die Stadt künftig so hält wie er. Stuttgart braucht keinen Beifall vom Rest der Republik. Völlig wurscht kann es uns sein, wenn man uns verspottet. Denn wir wissen, wir sind gut.

»Stuttgart – the place to be!« Diesen Slogan gibt Schmidt, der Star aus Nürtingen, im Theater aus, kaum dass er die Spitzenstellung der Stadt in vielen Bereichen erwähnt. Stuttgart ist die Tinder-Hauptstadt Deutschlands! Nirgendwo sonst wird so eifrig nach rechts gewischt. Mit Wischen hat der Schwabe ausreichend Erfahrung, Kehrwoche sei Dank. Stuttgart hat mit Winfried Kretschmann den beliebtesten Politiker in Deutschland! Die Liste lässt sich beliebig fortführen. Stuttgart ist deutsche Kulturhauptstadt! In keiner anderen Stadt, hat eine weitere Studie herausgefunden, wird so wenig geschlafen wie in Stuttgart. Wer dachte, New York sei die Stadt, die nie schläft, war noch nie bei uns.

»Stuttgart – the place to be!« Dieser Slogan klingt besser als »die olle Stadt zwischen Hängen und Würgen«. Ein absoluter Place to be ist für Herrn Schmidt übrigens der Imbiss Ützel-Brützel an der Königstraße. Eine Stadt, in der ein Dönerladen Ützel-Brützel heißt, ist ohne Zweifel ganz oben in der Komikerliga angekommen.

Man traut Herrn Schmidt viel zu. Gut hätte es sein können, dass er auf der Bühne für sein Late-Night-Comeback die vielen Bierbänke und Biertische aufbauen und die Lichterkette hat aufhängen lassen – denn zu dieser Zeit tobt gerade das Cannstatter Volksfest auf dem Wasen. Hat man für den Star das Innere eines Bierzeltes nachgestaltet? Schmidt hasst Sentimentalitäten, liebt aber aktuelle Anspielungen. Nein, ums Volksfest geht's nicht. Der von den Kritikern bejubelte Comedian steht in der Kulisse der »Italienischen Nacht«, die im Schauspiel gespielt wird. Und er geht bestimmt lieber zu Ützel-Brützel als zum Maßkrugstemmen.

»Stuttgart– the place to be«. Muss man erst mal draufkommen! Im März 2008 hat Klaus Wowereit die Imagekampagne »Berlin – the place to be, be Berlin« gestartet – in einer Stadt, die arm, aber sexy ist. Stuttgart ist reich und sexy, das macht den Unterschied. Wir können damit umgehen. Nur Understatement unterfordert uns auf Dauer. Stuttgart ist so stark, dass Harald Schmidt hier nicht wohnen will, sondern lieber in Köln bleibt, um uns aus der Ferne bewundern zu können. Klatschen Sie jetzt nicht! Wir wissen, dass wir gut sind!

Die Fantastischen Vier: Was geht? Echt viel!

Das Schloss Solitude: »konkrete« Location für den 30. Bandgeburtstag der Fantastischen Vier.

Sie sind die Könige des deutschen Sprechgesangs und gehören zu Stuttgart wie der Fernsehturm oder das Rössle. Doch nur noch einer der Fantastischen Vier lebt in der Stadt, für die sie noch heute stehen und in der ihr Siegeszug begann. Andreas Rieke – Künstlername: »And.Ypsilon« – denkt auch gar nicht daran, aus seinem geliebten Stuttgart wegzuziehen. »Ich liebe die Landschaft hier«, sagt er, »wenn man unten in der Stadt ist, kann man immer einen natürlichen Horizont sehen.« Flache Städte langweilen ihn. »In flachen Städten sieht man nur Häuser«, fährt er fort, »wir haben Hügel.« Sehr gut gefällt ihm die Natur um Stuttgart herum, die man immer schnell erreichen könne, was für ihn »einen hohen Wohnwert darstellt«.

Andreas Rieke ist der Soundtüftler der Band. Während die Kollegen vorne zappeln und singen, bleibt er am Pult im Hintergrund. Ob es ihn nicht auch mal nach vorne drängt? »Nein, auf gar keinen Fall«, lautet die Antwort. Viele Hits der Fantas wurden in seinem Studio aufgenommen, das sich im Untergeschoss eines fünfstöckigen Bürohauses befindet, gegenüber dem Hallenbad Heslach im Stuttgarter Süden.

Mit 15 Jahren hat er Smudo kennen gelernt. Ihre Mütter waren befreundet. Die beiden Jungs verbrachten Nachmittage vorm Computer, begannen, Spiele zu programmieren.

Am 7. Juli 1989 ging es als Band los. Der Friseur Thomas D. und der DJ Michi Beck waren inzwischen dazugekommen. Im stillgelegten Kindergarten in Wangen spielten die Vier – drei Abiturienten und ein Friseur – ihr allererstes Konzert auf einer Bühne aus Europaletten und nannten sich damals Terminal Team. Dass sie Teil der Stadtgeschichte werden sollten, war zu dieser Zeit so wahrscheinlich, als wenn jemand den Stuttgarter Fernsehturm mal verknoten würde.

1991 erschien das erste Album »Jetzt geht's ab«. 1992 gelang den Fantas der Durchbruch mit der Single »Die Da!?!« Ihre Verbundenheit mit ihrer Heimatstadt hatten sie schon im ersten Erfolgsjahr bewiesen. 1992 ließen sich die Fantas vor dem legendären Kartenhäusle am Kleinen Schlossplatz fotografieren. Es war die Zeit, als man nicht im Internet seine Ticketwünsche anklickte – das Konzerterlebnis begann beim kollektiven Anstehen vor dem berühmtesten Betonkasten der Stadt. Der ebenfalls aus Stuttgart stammende und heute in Berlin lebende Rapper Max Herre hat diesem Ort eine tolle Hymne verliehen, das Lied »1ste Liebe«. Darin heißt es so schön: »Erinner mich, wie wir am Kleinen Schlossplatz rumgesessen sind. Ich war zwölf und Rollerskater, Cryptos, breite Achsen unter ollen Tretern, fuhr mit 50 Sachen down und mich hat's gebrettert, hab mein Arm geschreddert.«

Eines eint die Fantas und Max Herre: Ihre erste Liebe ist Stuttgart. Im Sommer 2019 feierten Thomas D. und seine drei Kollegen ihren 30. Bandgeburtstag, natürlich in Stuttgart – und natürlich war auch Max Herre dabei. Als Ort für eine wilde Partynacht hatten sie das Schloss Solitude ausgewählt – dort, wo sie als Kinder oft gespielt hatten. Wirt Jörg Mink hatte den Auftrag, das Sommerfest im Freien so zu gestalten, als fände es im Garten eines Bandmitglieds statt – natürlich mit überwiegend veganen Speisen. Der Dresscode in der Einladungs-Mail lautete: »Festlicher Fanta-Style – schwarze Kleidung, weiße Schuhe. Oder auch andersrum: weiße Kleidung, schwarze Schuhe.«

Im Stadtpalais haben sie schon zu Lebzeiten eine eigene Ausstellung mit dem Titel »Troy« erhalten, durften sich bei dieser Gelegenheit bei Oberbürgermeister Fritz Kuhn im Rathaus ins Goldene Buch der Stadt eintragen und obendrein sprach Ministerpräsident Winfried Kretschmann die Laudatio auf die Pioniere des deutschen Hip-Hop, die im Stuttgart-Museum unter anderem ihr erstes Studio originalgetreu nachbauen ließen, das sich im Kinderzimmer von And.Ypsilon befand.

»Die Muttersprache gegen einen Trend wieder modern zu machen, das ist schon eine geniale Leistung«, lobte der Landesregierungschef. Seine Redenschreiber hatten ihm etliche Zitate aus Fanta-Songs in den Text geschrieben, was bei der Zuhörerschaft bestens angekommen ist. »Hip-Hop-Termine stehen jetzt nicht gerade häufig in meinem Terminkalender«, sagte der Grüne, »deshalb fragte ich meine Leute: Hee, Moment, was geht? Und die sagten's mir ganz konkret.« Was geht? Also laut Kretschmann ganz konkret: Die Fantas seien vor allem deshalb für Stuttgart und die Schwaben so wichtig, weil sie der gesamten Republik gezeigt hätten, »dass wir nicht nur schaffen können, sondern auch feiern.«

Und wer da alles mitfeiern wollte bei der Eröffnung der Ausstellung »Troy« im Stadtpalais! Wer nicht rechtzeitig gekommen war, durfte selbst mit Einladung nicht mehr rein und musste von draußen zuschauen, wie die vier Musiker mit dem Ministerpräsidenten vom Balkon des früheren Wilhelmspalais zur Warteschlange runtergewinkt haben, so, wie das einstmals König Wilhelm II. an exakt dieser Stelle zum Volke getan hat. Das Museum im einstigen Wohnsitz des letzten Monarchen von Württemberg hatte nämlich, wie üblich, mehr Leute eingeladen, als Plätze vorhanden waren. Doch anders als sonst waren diesmal alle gekommen.

Was geht? Immer noch ein bisschen mehr! Im Jahr 2021 wollen die Fantas die erste Stadiontour ihrer Karriere nachholen, die 2020 wegen Corona ausgefallen ist. Was mag dann noch 2030 und 2040 folgen? Längst könnte sich Stuttgarts Stolz in die Fantastischen Fünfzig umtaufen. Die ewigen Jungs sollten die Umbenennung bleiben lassen. Denn ihre Erfolgsgeschichte zeigt eindrucksvoll: Das Alter ist eine vernachlässigbare Größe, wenn du von innen rappst.

Die Panda-Maske ist die coolste

Die flauschigen Kerle mit dem sanften Gemüt sehen so niedlich aus, dass man sie am liebsten streicheln würde. Wer Pandabären beobachtet, bekommt gute Laune. Doch sind die Lieblinge jedes Zoos vom Aussterben bedroht. Dass der Stuttgarter Rapper Cro zu Beginn seiner Karriere beschlossen hat, eine Panda-Maske zu tragen, könnte also wohl durchdacht gewesen sein. Dabei war der Grund dafür nur der Zufall. »Die Panda-Maske war im Online-Shop einfach die coolste«, erzählt Carlo Waibel immer wieder gern. Die Maske bewahrt ihm persönlich die Freiheit, die kein Pandabär in einem Zoo erhält. Wenn er mit ihr etwa ins Büro einer Konzerthalle marschiert, ist die Hölle los. Wenn er sich dann umgezogen hat und ohne Maske rausläuft, will keiner was von ihm.

Mit seiner ersten Single »Easy« wurde Cro im März 2012 über Nacht zum Star. Freche Sprüche, ein poppiger Rhythmus und melodische Intermezzos – das alles war massentauglich. Der Maske ist er bis heute dankbar. »Ohne Maske kann ich wahrscheinlich nicht mehr Kondome im Supermarkt kaufen, ohne dass es irgendwer sofort bei Facebook postet«, sagt er. Womit an dieser Stelle wohl der Vergleich beendet ist. Denn wie bei Bären üblich ist der Schwanz bei den Pandas nur ein Stummel.

Nach den Fantastischen Vier hat es wieder ein Rapper aus Stuttgart geschafft, ganz nach oben zu kommen. Stuttgart ist ja auch die »Mutterstadt« des Hip-Hop. Mit der »Kolchose« fing alles an.

Kolchose ist kein schwäbisches Wort – und doch hat es gerade bei Schwaben eine ganz besondere Bedeutung. Die Kolchose stammt aus der Sowjetunion, wo landwirtschaftliche Großbetriebe so hießen, die genossenschaftlich organisiert waren. 1992 nannten in Stuttgart Hip-Hop-Musiker ihr Kollektiv so. Damit legten sie den Grundstein dafür, dass die Schwabenmetropole in den 1990ern zur deutschen Hip-Hop-Hauptstadt geworden ist. Dem losen Zusammenschluss gehörten unter anderem Max Herre, seine Band Freundeskreis, die Massiven Töne, Afrob sowie Sprayer und Breakdancer an. Die ganze Republik schaute in den Südwesten. Die Mitglieder der »Kolchose« beflügelten sich gegenseitig, Amerikanische Rapper waren ihr Vorbild und doch entwickelten sie ihren eigenen Stil.

Dass es Vorurteile gegenüber dem angeblich provinziellen Stuttgart gab, hat die Stuttgarter Musiker noch weiter angetrieben. Denn sie konnten umso überzeugender das Gegenteil beweisen.

Der 1990 geborene Cro gehört zur »next generation« der Stuttgarter Rapper. Als er noch Carlo Waibel hieß, machte er nach dem Abschluss der Mittleren Reife eine Ausbildung zum Mediengestalter im Pressehaus Stuttgart und arbeitete als Cartoonzeichner. Auch die Johannes-Gutenberg-Schule in Stuttgart ist stolz auf ihn – die hat er nämlich besucht. Natürlich würde keiner, der ihn dort erlebt hat, verraten, wie Carlo ohne Maske aussieht.

Schon im Alter von zehn Jahren hatte er damit begonnen, Musik aufzunehmen. Seine Mischung aus Rap und Popmusik hat so gewaltig eingeschlagen, dass er schon mit 25 Jahren als bis dahin jüngster Künstler ein MTV-Unplugged-Album aufnehmen durfte. Bei Stuttgarter Heimspielen haben wir ihn schon oft erlebt, ob auf dem Schlossplatz bei den Jazzopen, im Wizemann beim Konzert nur für Gewinner oder beim Konzertsommer vor dem Mercedes-Benz-Museum. Stets sind viele kleine Cros im Publikum: Kinder mit Pandamasken gehören zu jedem Auftritt. Ohne Panda-Öhrchen, quasi nackt, ist er mit knapper Sommermaske beim Mercedes-Konzertsommer aufgetreten. So heiß war es in dieser Nacht, dass selbst ein Pandabär mal sein Fell ablegen will, um sich nicht in den Kollaps hineinzuschwitzen. Seine Fans wissen seitdem: Der Rapper ist blond. Backstage im VIP-Bereich des Mercedes-Museums trug er gar keine Maske. Ein Foto von diesem Konzert sorgte danach wochenlang für Debatten in den sozialen Medien. Darauf war ein Handywald über Zuschauerköpfe in mehreren Reihen zu sehen.

Handys zum Himmel, komm lass uns fröhlich sein! Fast jeder und jede im Publikum streckte das Smartphone zum Filmen und Fotografieren in die Höhe, auf dass man daheim nachschauen kann, wo man war. »Kann die Generation Smartphone Konzerte nicht mehr feiern?«, lautete eine Zeitungsüberschrift zu diesem Foto, das so viele bewegte.

So ist das eben, wenn ein Panda auftritt. In einem Zoo wollen die Besucherinnen und Besucher auch mit dem Handy den rar gewordenen Bären für sich daheim sichern. Bei Wikipedia erfahren wir, dass Pandabären verschiedene Laute nutzen, um sich auszudrücken. Bei Paarungen kann man ein Zirpen vernehmen, ein »Hupen«, wenn sie sich unwohl fühlen. Sie können auch ähnlich wie eine Ziege meckern – auf diese Weise wollen sie freundlich Kontakt aufnehmen. Gut zu wissen. Denn auch Cros Musik kennt unterschiedliche Laute. Wir wissen dann, was der Carlo gerade fühlt.

Ein prägendes Gesicht der Stuttgarter Oper

Die Geschichte ihrer Familie, sagt Kammersängerin Helene Schneiderman, ist »ein bisschen wie bei Anne Frank« – mit einem entscheidenden Unterschied, dem sie ihr Leben verdankt: »Bei uns gab's ein Happy End.« Die Mutter des Stuttgarter Opernstars ist als Jüdin nach Auschwitz verschleppt worden. Den Holocaust überlebte sie und wanderte mit ihrem Mann (der auch Dachau und Buchenwald überlebte) nach Amerika aus.

Die 1954 in Flemington im Staat New Jersey geborene Tochter Helene ergriff den Beruf, von dem ihre Mutter immer geträumt hatte – sie wurde Sängerin. Sie weiß noch genau, wie entsetzt ihre Eltern waren, als sie ihnen Anfang der 1980er-Jahre sagte, sie wolle nach Deutschland zum Singen, weil es dort in fast jeder Stadt ein Opernhaus gibt, dort also die Chancen für eine junge Sängerin größer seien als in den USA. »Ausgerechnet Deutschland«, erwiderte die Mutter, »warum muss es ausgerechnet Deutschland sein?« Es sind dann Heidelberg und Stuttgart geworden.

Ihren ersten Theatervertrag bekam sie in Heidelberg – und dort hat sie ihren Ehemann kennengelernt. Von Heidelberg ging es weiter nach Stuttgart. Seit 1984 ist die Mezzosopranistin Mitglied im Ensemble der Oper Stuttgart, 1998 folgte die Ernennung zur

Kammersängerin. Helene Schneiderman ist in dieser langen Zeit zum Publikumsliebling – zu einem prägenden Gesicht der Stuttgarter Oper geworden, die mehrfach als Opernhaus des Jahres ausgezeichnet wurde. »Von Anfang an habe ich mich in Stuttgart herzlich aufgenommen gefühlt«, sagt sie und erinnert sich gern an die Vorbereitung ihrer ersten großen Partie in Rossinis »Cenerentola« zurück: »Da hat das Orchester bei der Probe spontan geklatscht, das war ein ganz tolles Gefühl.« Für sie sei es immer wichtig gewesen, »ein richtiges Zuhause« zu haben.

In Stuttgart hat sie ihre »Flamme« von Heidelberg geheiratet und mit ihm zwei Töchter großgezogen. Welche der über 80 Rollen, die sie auf der Bühne gespielt hat, ihre Traumrolle war? »Am Anfang meiner Karriere waren dies die großen Rossini- und Mozart-Partien«, antwortet sie, »doch inzwischen sind mir Händel, Puccini und viele andere Komponisten genauso lieb.«

Gern lässt sie sich überraschen von neuen Rollen, die sie vielleicht noch gar nicht kennt. Nichts dagegen hätte sie, wenn jemand speziell für sie Lieder komponiert. Sehr gern würde sie noch Jacques Offenbach singen, »und natürlich jede Menge Händel.« Denn Händel singt die Mezzosopranistin besonders gern.

Stuttgart bleibt ihre Basis, doch weltweit wird sie in großen Häusern gebucht. Unter anderem ist Helene Schneiderman an der Metropolitan Opera in New York aufgetreten. Für ihre Verdienste um die christlich-jüdische Zusammenarbeit wurde sie 2010 mit der Otto-Hirsch-Medaille geehrt.

Die Mutter konnte sehr stolz auf ihre Helene sein.

Ein Paradies für Fotografen: Die Stadtbibliothek lockt Touristen aus aller Welt an

Instagram hat das Reisen verändert. Die Suche nach markanten Orten, die neue Blickwinkel eröffnen, treibt Touristen der neuen Generation an. Die Reiseführermarke »Lonely Planet« hat die schönsten

Fotomotive Europas ermittelt – und ist dabei auf Stuttgart gekommen. Nicht der Fernsehturm, die Automuseen oder die Schlösser werden genannt – die 2011 eröffnete Stadtbibliothek des südkoreanischen Architekten Eun Young Yi ist's, die optisch bietet, was man sonst zwischen Nordkap und Sizilien nicht findet.

Der weltweit größte Verlag für unabhängige Reise- und Sprachführer preist das ungewöhnliche Bauwerk im Stuttgarter Kessel als Paradies für Instagramer an und schickt Reisende aus aller Welt auf den Mailänder Platz unweit des Hauptbahnhofs zum Staunen, Entspannen und um besondere Momente fotografisch einzufangen. Im Inneren sieht das markante Gebäude auf dem einstigen Stuttgarter Güterbahnhof wie ein überdimensionaler Apple-Store aus. »Hier können Bücher glanzvoll träumen«, schreibt Lonely Planet.

Wie das oft ist mit dem Neuen: Bei der Eröffnung am Mailänder Platz hatte es Kritik gegeben. Vom »Bücherknast« war die Rede. Der wuchtige Würfel aus Sichtbeton und Glasbausteinen ist durch seine monotone graue Fassade – zu allen vier Seiten je 44 Meter breit und 40 Meter hoch – von außen erst einmal gewöhnungsbedürftig. Lediglich an der oberen linken Ecke geben sich die Betonwände individuell. Dort ist jeweils das Wort »Bibliothek« in vier verschiedenen Sprachen in die Fassade eingelassen. Die Himmelsrichtungen waren bei der Wahl der Sprache ausschlaggebend. Auf der Nordseite ist es auf Deutsch, auf der Westseite in der Weltsprache Englisch zu lesen. Im Süden steht der Schriftzug auf Arabisch – stellvertretend für alle Sprachen der Welt – und auf der Ostseite in Koreanisch, der Muttersprache des Architekten.

Als die Bibliothek die ersten Besucher empfing, stand sie noch als Solitär einsam in dem planierten Bauland, das wegen der heftig umstrittenen Tieferlegung des Bahnhofs unter die Erde neu gestaltet werden sollte. Zumindest der nächtliche Anblick begeisterte von Anfang an. Bei Dunkelheit beginnen die Glaswürfel in der Fassade, blau zu leuchten.

In starkem Kontrast zum Äußeren steht die Innenarchitektur. Der 14 Meter hohe und 14 Meter breite Raum im Zentrum des Gebäudes – das Herz – konzipierte der Architekt Eun Young Yi als einen Raum der Stille. Sein Pendant ist der direkt darüber liegende große Galeriesaal in Form einer umgekehrten Pyramide. Er übernimmt in der Bibliothek gleich mehrere Aufgaben. So ist er Lesesaal, Treppenhaus und durch das große Oberlicht auch eine natürliche Lichtquelle.

Wer die Bibliothek besucht, muss unbedingt nach oben aufs Dach. Der Ausblick nach allen Seiten ist faszinierend und bietet erneut tolle Fotomotive. Touristen haben viel zu tun, bis sie alle ihre Aufnahmen gemacht und gepostet haben. Einheimische und Bücherfans sind ebenfalls happy, weil die Auswahl der Medien riesengroß ist und die Mitarbeiter als äußerst kompetent gelten.

Die Invasion der Fotografen hat mittlerweile dafür gesorgt, dass eigenes Personal der Bibliothek kontrolliert, ob alles dabei in Grenzen bleibt. Freitags ab 13.00 Uhr und samstags darf gar nicht mehr gefilmt und fotografiert werden. Privatpersonen, die zur Erinnerung ein Bild machen wollen, dürfen für den Eigengebrauch fotografieren. Wer mit Stativ und Objektiven zu professionellen Aufnahmen anrückt, muss sich eine Erlaubnis einholen. Wer ein Formular ausgefüllt und von der Stadtbibliothek das »Okay« erhalten hat, bekommt einen Fotografensticker. Den muss man beim Wachdienst vorzeigen. Auch die Lichtquellen muss man sich genehmigen lassen, weil die Sprinkleranlage losgehen könnte.

Beschränkungen beim Fotografieren gibt's nicht für Paare, die sich in dieser einzigartigen Architektur das Ja-Wort geben. Geheiratet wird im »Fräulein Friz«, einem Raum im sechsten Obergeschoss, benannt nach der ersten Bibliothekarin Stuttgarts. Das Brautpaar und seine Gäste können sich danach im begehbaren Raum in der Außenfassade aufhalten, auf der Dachterrasse flanieren und Aufnahmen im Galeriesaal oder im Herz der Bibliothek machen.

Ja, das gibt schöne Insta-Storys! Viele Grüße von

Fräulein Friz über den Dächern der Stadt – an einem einzigartigen Ort, an dem Bücher glanzvoll träumen.

Wo die Zeit rausgenommen wird

Schöne Storys gibt es nicht nur in Filmen, sondern manchmal auch im wahren Leben. Ein Liebhaber der Fotografie kommt an ein Millionenvermögen und schreibt Wirtschaftsgeschichte. Die Tante, die ihn adoptiert hatte – es war die Papierindustrielle Harriet Hartmann–, hatte ihn und seine beiden Brüder reichlich bedacht.

Andreas Kaufmann, so heißt der heutige Aufsichtsratsvorsitzende der Leica Camera AG mit Sitz im hessischen Wetzlar, oberster Chef des weltweit verehrten Herstellers von Premiumkameras, zog sich mit dem vielen Geld keineswegs in ein Luxusleben zurück, wie es andere gemacht hätten. Nein, der Kamera-Enthusiast, der in jungen Jahren in Stuttgart gelebt hatte, steckte viel Geld in seine geliebte Leica, besser gesagt ins gleichnamige Unternehmen, das in finanzielle Schieflage geraten war. Sein Ziel war es, das Überleben der Top-Marke in einer lukrativen Nische zu sichern.

2004 kaufte sich Kaufmann bei Leica ein, übernahm immer mehr Anteile. Heute ist der frühere Waldorflehrer (in Stuttgart hatte er Literatur und Politik studiert und in Göppingen unterrichtet) Mehrheitseigner und gilt als Retter des Konzerns. In die Gewinnzone hat er das Unternehmen geführt, bei dessen Firmennamen den Fans des Fotografierens Augenglanz sicher ist.

Klar, dass der ehemalige Wahl-Stuttgarter (vor über drei Jahrzehnten ist er fortgezogen) und heutige Leica-Big-Boss mit seiner Frau Karin Rehn-Kaufmann nun öfter in die alte Wahl-Heimat kommt. Denn mitten in der City an der Calwer Straße 41 – dort, wo ein kulinarischer Treffpunkt der Stadt entstanden ist, umgeben von schönen Giebelhäusern mit Zeugnissen aus der Gründerzeit – befindet sich seit Herbst 2019 ein Schmuckstück auf zwei Ebenen: Stuttgarts erster Leica-Store und die erste Leica-Galerie. Die Adresse ist ein Inspirationsort für Freunde der Fotokunst, die staunen und überrascht werden wollen. Hier zeigt sich, dass Fotografie nicht nur der Dokumentation dient, sondern Ausdruck künstlerischer Kreativität ist und sich der Schnelllebigkeit widersetzt.

Im Gewölbekeller ist ein Museum moderner Bildsprache entstanden, das sich dem Zeitgeist widersetzt. Hier sieht man, wie emotional Fotos sein können.

Nie zuvor ist so viel fotografiert worden wie heute. Im Zeitalter der Selfie-Fotografie verändert sich nicht nur das, was wir sehen, sondern auch das Erleben von Ereignissen. Wenn wir etwa ein Konzert direkt genießen könnten, schalten wir das Smartphone zwischen die dargebotene Emotion und unsere Wahrnehmung. Weil wir meinen, alles visuell speichern zu müssen, bleiben wir im eigentlichen Moment auf Distanz. Allein bei Instagram werden täglich 80 Millionen Fotos geteilt. Im Farbenrausch schießt Austauschbares an uns vorbei.

»Instagram-Fotos sind Daten«, sagt Karin Rehn-Kaufmann, »mit ausgedruckten Fotografien nicht vergleichbar.« Sie plädiert für eine »Kultur des Bildes«. Die neue Galerie sei der Gegentrend zum Zeitgeist: »Mit der Leica wird die Zeit rausgenommen.«

Die Frau des Leica-Chefs war nach langer Zeit mal wieder in Stuttgart. »Man erkennt die Stadt kaum wieder«, sagte sie, »denn sie ist hinter Bauzäunen versteckt.« Und dann stellte sie klangvolle Verbindungen her. Leica-Stores würde es in Los Angeles, Boston, Melbourne, London, Istanbul und weiteren Weltstädten geben – und nun auch in Stuttgart.

Wo zuvor Dirndl verkauft wurden und Musikanlagen, wird nun der Leica-Stolz präsentiert. Die Kameras sind schwer, fühlen sich super an, hochwertiger geht's nicht. »Du hast gerade 16.600 Euro in der Hand«, sagt Holger Strehlow, der Leiter der neuen Galerie, der 22 Jahre lang bei »Foto Kleiber« und zwölf Jahre bei »Photo Universal« in Stuttgart gearbeitet hat.

»Leica ist der Rolls-Royce der Kameras«, schwärmt der Promifotograf Christof Sage. Das neue Leica-Domizil hat sich schnell zum Treff der Stuttgarter Profifotografen entwickelt. Von Claus Rudolph bis René Staudt, von Tina Trumpp bis Horst Rudel – hier trifft man alle. Einer Ikone der deutschen Fotografie hat die erste Ausstellung mit Zeugnissen ihres umfassenden Lebenswerks im Keller gehört. Dass Herlinde Koelbl 80 Jahre alt ist, glaubt man der quirligen und mit Feuer in den Augen sprechenden Frau nicht.

Andreas Kaufmann kommt gern nach Stuttgart – in die Stadt, die für ihn mit so vielen Erinnerungen verbunden ist. Es freut ihn, dass sich Stuttgart aus seiner Sicht positiv entwickelt hat. Aus einem großen Dorf ist ein selbstbewusstes und stolzes Weltstädtle geworden. Dass er für seine edle Leica-Nische gerade in Stuttgart eine feine Adresse sieht, überrascht deshalb nicht. Denn viel Geld ist hier vorhanden. Heute schämen sich Schwaben nicht mehr, wenn sie sich was gönnen. Der Leica-Chef erzählt die schöne Geschichte von den Eheleuten, die sich einst mit dem Taxi nicht direkt vor die Haustür fahren ließen, sondern nur bis zur Kreuzung davor, um nicht von den Nachbarn mit Taxi gesehen zu werden. Die letzten Meter liefen sie zu Fuß.

Wär' das ein schönes Motiv für einen Leica-Fotografen gewesen!

STUTTGARTER EINMALIGKEITEN

Schwimmen im 21. Stockwerk

Mit 37 Elefanten überquerte der Feldherr Hannibal im Jahr 218 vor Christus die Alpen. Kaum ein anderer antiker Kriegsschachzug fasziniert die Menschheit bis heute so wie dieser. Könnte der legendäre Heerführer und Stratege in unsere Zeit reisen, würde er sich die Augen reiben, was in seinem Namen in Stuttgart alles möglich ist. »Hannibal« wird die Wohnsiedlung im Asemwald genannt,

einem Stadtteil im Bezirk Plieningen. Im »Hannibal« ist das Große und Außergewöhnliche zu Hause. Schwimmen in den Wolken – das, verehrter Hannibal, war einst selbst über den Alpen nicht drin.

Das einmalige Hallenbad befindet sich samt Sauna auf 75 Metern über dem Erdboden, im 21. Stockwerk einer vertikal organisierten Betonstadt. Die Aussicht ist ein Genuss, wenn man erst mal im flackernden Licht des Stahlaufzugs oben im 20. Stock angekommen ist und ein weiteres Stockwerk zum Schwimmbad hochläuft. Da will man erst mal nach draußen schauen, ehe man sich ins Wasser stürzt. An schönen Tagen reicht die Sicht bis zur Schwäbischen Alb.

Mit seinen »monströsen Bienenwaben«, wie man die von 1968 bis 1972 erbaute Wohnsiedlung beschrieb, und den anonym wirkenden Eingängen zu den gewaltigen Baukörpern ist der Asemwald nicht jedermanns Geschmack. Die etwa 2.000 Menschen, die hier leben, rühmen die Wohnqualität und das Miteinander. Von den 1.137 Wohnungen sind etwa 70 Prozent eigengenutzt. Die restlichen sind vermietet.

Als die Architekten Otto Jäger und Werner Müller Ende der 1950er-Jahre den damals größten europäischen Wohnkomplex planten, schrieb das Nachrichtenmagazin »Der Spiegel«: »Arnulf Klett, Oberbürgermeister der 600.000-Seelen-Metropole Stuttgart, will sich ein Denkmal setzen: Es soll 650 Meter lang und 50 Meter hoch werden und – im Gegensatz zu gewöhnlichen Denkmälern – im Inneren nicht nur begehbar, sondern auch bewohnbar sein. Zur dauernden Erinnerung an sein bisher schon an zweifelhaften Denkwürdigkeiten nicht gerade armes Stadtregiment will der 54-jährige OB nämlich einen Mammut-Wohnblock errichten lassen, der vor allem einen Vorzug vor allen anderen Blöcken hat: Er soll der größte des Kontinents sein.« Doch der Rekord blieb auf Rügen, wo ein Ferienkomplex weitaus größer war. Im Asemwald sollten etwa 4.000 Menschen unterkommen. In Wahrheit waren aber kurz nach der Fertigstellung im Juni 1973 genau 2.389 Menschen »polizeilich« gemeldet. Vom ersten Entwurf bis zur Realisierung hatte es 13 Jahre gedauert.

Von Anonymität wollen die Bewohner nichts wissen. Sie reden gern was von einer »großen Familie«. Im Asemwald wird ständig gegrüßt. In der Statistik stehen die Wohnblocks an erster Stelle, was das Alter angeht. 61 Jahre ist der Bewohner im Durchschnitt im Asemwald. Und daran wird sich auch so schnell nichts ändern. Der Bewohnerwechsel ist in vollem Gange, denn die Erstbezieher sterben langsam aus und deren Kinder ziehen mit ihren Familien nach. Ältere kommen hinzu, weil ihnen der Garten und das eigene Häuschen zu viel werden und sie für den Lebensabend eine komfortable, aber überschaubare Immobilie wollen. Weit bis zum Schwimmen und zur Sauna haben sie's nicht.

Das Wasser im Höhenbad ist knapp 30 Grad warm. 50 bis 60 Gäste kommen am Tag – es sind überwiegend Senioren, aber auch Familien oder Großeltern mit ihren Enkelkindern. Es geht gediegen zu. Seitliches Einspringen ist verboten. Wer hier seine Bahnen in dem 9 auf 14 Meter großen Becken zieht, kann das problemlos auch beim Rückenschwimmen tun. Das Panoramabad mit Sauna und Dachterrasse ist werktags außer montags von 9.00 Uhr bis 20.30 Uhr geöffnet, samstags bis 17.30 Uhr, sonntags bis 14.00 Uhr. Der Badebetrieb ist gelegentlich durch Kurse eingeschränkt. Bewohner des Asemwalds haben ermäßigten Eintritt. Ob Hannibal schwimmen konnte, ist nicht überliefert. Er musste über die Alpen, nicht übers Mittelmeer.

Mit einer Hungersnot fing alles an

Wer heute in den Bierzelten sieht, wie die Kellner mit vollbeladenen Tellern und Krügen umherwuseln, mag kaum glauben, dass der Ursprung des Cannstatter Volksfestes in einer Hungersnot liegt.

Ein gigantischer Vulkanausbruch auf dem heutigen Indonesien hat vor über 200 Jahren für eine Klimakatastrophe gesorgt. In Deutschland regnete es nur noch. Getreide verschimmelte, Kartoffeln verfaulten, nichts wollte reifen. Ernteausfälle, Armut, 1816 war das Jahr ohne Sommer – all dies brachte König Wilhelm I. dazu, die Landwirtschaft zu reformieren und ein Volksfest zu feiern. Mit seiner Frau Katharina wollte er das Volk erfreuen und auf andere Gedanken nach all der Not bringen.

Am 28. September 1818, einen Tag nach dem 36. Geburtstag des Regenten, ist die Fruchtsäule auf dem Cannstatter Wasen errichtet worden – am noch nicht aufgestauten Neckar. Man blickte von diesem Ort auf die königliche Villa Bellevue an der Wilhelma. Das Fest mit Pferderennen beschränkte sich auf einen Tag. Es sollen 30.000 Besucherinnen und Besucher gekommen sein – also weit mehr, als damals in Stuttgart und in Cannstatt lebten.

Im Laufe der Jahre und Jahrzehnte sind Stuttgart und Bad Cannstatt immer größer geworden – und das Volksfest verlängerte sich auf immer mehr Tage. Heute geht der Wasen einen Tag länger als das 1810 gestartete, also um acht Jahre ältere Oktoberfest in München, das, was Besucherzahlen und Bierumsätze angeht, noch immer die Nummer eins ist. Größer und älter muss nicht schöner und besser sein, findet man in Cannstatt. Was die Ausstattung der Festzelte angeht, ist am Neckar zu hören, haben die Schwaben die Bayern bereits überholt. Auf der »Wiesn« sind die Zelte riesige Holzhallen mit Bänken. Auf dem Wasen dagegen wird der Innenausbau Jahr für Jahr noch aufwendiger, sodass die Zelte fast schon an Restaurants erinnern.

Auswärtige erkennt man beim Volksfest leicht daran, dass sie es »die Wasen« nennen, weil sie ja auch »die Wiesn« sagen. Aber es heißt natürlich *der* Wasen.

Alte Ansichtskarten vom Cannstatter Volksfest beweisen: Man hat sich schön gemacht zum Feiern, lief im Sonntagsstaat an der Königsloge vorbei. Der Wasen war schon immer mehr als eine Zecherei. Er ist auch ein Jahrmarkt, ein Rummel. Und er ist ein Fitness-Training, ja, eine Kraftsportveranstaltung. Zehn gefüllte Maßkrüge müssen selbst Kellnerinnen wuchten können – dabei kommt es auf die Technik an, die Krüge wiegen mehr als ihr Inhalt, insgesamt also mehr als 20 Kilo.

»Bei uns lag der Rekord beim Tragen von 14 Krügen gleichzeitig«, erinnert sich Wirtin Conny Weitmann, die bei ihrem Vater, dem Wasen-Urgestein Walter Weitmann, gearbeitet hat. Damals trug nur das Personal Dirndl. Der Wasen ändert sich – und bleibt sich immer treu. Erstaunlich unverändert sind viele Traditionen bis heute erhalten geblieben. Die Fruchtsäule bleibt das Wahrzeichen. Und

Zuckerwatte ist immer noch gut für nostalgische Freuden.

Festwirt Hans-Peter Grandl, der einst in München gearbeitet hat, trug maßgeblich dazu bei, dass die Lederhose und das Dirndl auf den Wasen zurückgekehrt sind. Seine erste Trachtparty mit Karin Endress, der Verlegerin des »Top-Magazins«, fand 1999 statt. Die Schwaben würden bayerische Traditionen übernehmen, mag er nicht hören. »Längst sind Trachten internationalisiert«, sagt er. Die Tracht sorge für ein Gemeinschaftsgefühl. Noch in den 1980er-Jahren seien Leute in ihren ältesten Kleidern gekommen – heute dagegen machten sie sich schön fürs Fest. Dies habe für ein »besseres Niveau« gesorgt, freut er sich.

Wer sich vor Menschenmengen fürchtet, wen die Panik im Geschiebe und Gedrücke ereilt, sollte das Volksfest zu gewissen Stunden meiden. Zeitweise ist der Wasen so vollgestopft, dass man an manchen Stellen nicht umfallen kann. Während der Gedanke daran nicht wenigen Menschen Angst einflößt, gibt es andere, die es genau dorthin zieht, wo es möglichst eng zugeht.

Für jede Besonderheit des Lebens hat die Psychotherapie einen Fachausdruck. Von der Existenz des Frotteurs wusste ich bisher nichts. Frotteure, habe ich nun gelernt, trifft man auf dem Wasen sowie in der S-Bahn auf dem Weg dorthin gehäuft an – im ungünstigen Fall spürt man sie. Ein Frotteur (französisch: se frotter, sich reiben) sucht körperliche Nähe zu Unbekannten. Heimlich befingert er in der Anonymität einer Menschenmenge andere, was wie zufällig wirken soll.

Wer mit einem Frotteur spricht, hat entweder dessen Hand auf seiner Schulter oder er spürt dessen Bein an seinem. Abstand ist nicht das Ding eines Frotteurs, er braucht Körperkontakt, er will sich möglichst reiben. Ein Fest, bei dem es rappelvoll ist, bei dem Frauen in ihrem Dirndl tiefe Einblicke gewähren und manchmal auch provozieren, ist ein Paradies für den Frotteur. Doch auch Menschen, die man für normal hält oder die es womöglich sogar sind, können in der erotisch aufgeladenen Stimmung eines Bierzeltes nicht immer cool bleiben.

In der Schwabenwelt von Michael Wilhelmer haben es zwei gut gebaute Jungs mit Frotteuren, weiblichen wie männlichen, zu tun. Im Dienste eines Champagnerherstellers tragen sie außer einer Schürze kaum was. Man sieht die nackte Haut eines durch Fitnesstraining gestählten Oberkörpers. Wie die Berührungen der Bierzeltgäste ausfallen, beschreibt einer der beiden so: »Hände betatschen dich immer wieder, auch auf dem Po. Es kann sogar passieren, dass jemand die Krallen ausfährt und dir über den Rücken kratzt.«

Beschweren will sich der Schampus-Boy aber nicht. Es ist sein Job. »Jetzt kann ich mir gut vorstellen, wie es Frauen im Dirndl ergeht«, sagt der Schürzenmann. Bezahlt wird er stundenweise, nicht auf Provision. 15-Liter-Champagnerflaschen seines Auftraggebers kosten bis zu 60.000 Euro. Da sage noch einer was von schwäbischem Geiz.

Wer einen Sesam-öffne-dich-Armreif aus Plastik oder Stoff am Handgelenk trägt, wird in die Wasen-Logen vorgelassen. Dort geht es nicht ganz so laut und wild zu wie im Mittelschiff des Zeltes, wo Dirndl-Mädels in Turnschuhen auf den Bänken hüpfen. Der Trend zu Charity-Events nimmt in den Zelten seit Jahren zu. Weil die VIPs dann ein besseres Gewissen haben, wenn sie sich einen auf die Lampe gießen? Im abgeschirmten Bereich, wo gestöckelt wird und der Altersschnitt deutlich höher ist, kann schöner gelästert und getratscht werden. Moooment! Wer von uns lästert? Damit eines mal klar ist: Wir lästern nicht, wir stellen nur fest!

Lästern verbindet und stärkt den Selbstwert. Wer lästert, signalisiert dem anderen, dass er ihm vertraut. Sonst würde er derart sensible Informationen nicht mit ihm teilen. Psychologen sagen, das Lästern sei sogar lebensnotwendig. Lästern hilft, möglichst viel über andere zu erfahren und vor anderen zu warnen. Oft ist Lästern aber auch nur ein Zeichen von Neid. Im Ranking des Lästerns stehen in den Volksfest-

Logen folgende Themen weit oben: Aussehen und Kleidung der anderen. Wer hat was machen lassen? Bei wem ist der Ausschnitt zu tief? Wer geht fremd? Warum ist der berufliche Konkurrent so schlecht? Ganz wichtig: Wenn sich der, über den man eben gelästert hat, zu einem an den Tisch hockt, strahlt man ihn an und lästert mit ihm über andere. Lästern ist ein Schmierstoff zwischen Menschen. Aber bei allem Spaß am Lästern sollten wir die Wahrheit nicht aus den Augen verlieren. Sonst lästern andere über einen. Aber das tun sie auch so. Wenn keiner über dich lästert, bist du bedeutungslos.

Was heißt eigentlich VIP auf Schwäbisch?

Ein bekannter Caterer hat mir bei der Wasenparty mal die Übersetzung geliefert: »die Onnötige«. Es seien hier viele »Onnötige« versammelt, stellte er fest, sich selbst rechnete er auch dazu, also jede Menge Kommunalpolitiker, Wirtschaftsbosse, Vorstandsmitglieder, Society-Größen, Schlossherren, Adlige, Bestsellerautorinnen vom Bodensee und so weiter. Je »onnötiger« einer ist, desto bunter ist sein Handgelenk mit Plastik- oder Stoffbändel und desto kostenloser kann er sich durchschunkeln.

Wer hat das schon? Weinberge mitten in der Großstadt!

In keiner anderen Großstadt in Deutschland reichen Weinberge bis in die City hinein. In Stuttgart wachsen die Rebstöcke fast an den Hauptbahnhof heran. Auf lehmigem Ton und Keuper gedeiht ein Stück Toskana am Rande des Talkessels. Etwa 1,5 Hektar groß ist beispielsweise die Kriegsberg-Steillage, auf der das Weinberghäuschen der Industrie- und Handelskammer thront. Durch dessen Türchen können die meisten Männer nur gebeugt ins Gewölbe am Hang eintreten.

Es gab Zeiten, da konnte sich Stuttgart noch größer machen mit Wein als heute. »Wenn man in Stuttgart nicht einsammelte den Wein, würde die Stadt bald in Wein ersäufet sein«, schrieb ein Chronist im Mittelalter. Im 16. und 17. Jahrhundert war die Stadt nach Wien und Würzburg sogar die drittgrößte Weinbaugemeinde im deutschsprachigen Raum. In besonders heißen Sommermonaten war im wasserarmen Stuttgart häufig mehr Wein als trinkbares Wasser vorhanden. Der Rebensaft war gar billiger als Trinkwasser.

Als es einst zu viel Wein in Stuttgart gab, hat man ihn sogar zum Anrühren von Mörtel verwendet. An diesen Weinreichtum ist heute nicht mehr zu denken, doch gehören die Weinberge noch heute zum typischen Bild von Stuttgart und stehen daher unter besonderem Schutz. Die Stadt besitzt 17 Hektar Weingut. Über 70 Prozent der Produktion entfallen auf Rotweine, vor allem auf den Trollinger. In 16 von 23 Stadtbezirken Stuttgarts wird Weinbau betrieben. Selbst dort, wo man es nicht erwartet – nahe dem Schloss Hohenheim. Auf nur 2,2 Hektar werden dort zu Forschungszwecken über 200 verschiedene Rebsorten angebaut. Der Wein wird direkt im Schlosskeller gekeltert, in Flaschen abgefüllt und dort unter dem Namen »Hohenheimer Schlossberg« verkauft. Eines der bekanntesten und gleichzeitig kleinsten Weingüter im Besitz der öffentlichen Hand befindet sich auf der Karlshöhe, mitten im innerstädtischen Naherholungsgebiet.

Im Namen Weinsteige steckt noch drin, was mal hier vorgeherrscht hat, auch wenn sie längst vierspurig in den Kessel hinein- und wieder hinausführt.

Heute ist dort eine Lage von Jungwinzer Christoph Kern. Seiner Edition hat er den Namen »Kesselliebe« gegeben – auf die Idee dazu kam er, als er so viel über Feinstaub, Dieselfahrverbote und Schmutz im Stuttgarter Kessel lesen musste. Er wollte das oft im negativen Zusammenhang zitierte Wort positiv besetzen. Auch wenn es Probleme gibt, über die man reden muss und die zum Handeln zwingen, will er doch als Spross einer Stuttgarter Winzerfamilie stolz sein auf seine Liebe zur Heimat. Auf dem Etikett seines fruchtigen Rosé sieht man ein Rössle, das Stuttgarter Wappentier, das den Fernsehturm als Horn trägt. Ein Einhorn mit Stuttgarter Einmaligkeit ist's also.

Sein lokalpatriotisches Bekenntnis hat dem preisgekrönten Jungwinzer Anerkennung und einen steigenden Umsatz gebracht. »Des hemmer scho immer so gmacht« oder »Des goht so nedd« – Sätze wie diese prallen nicht an ihm ab, nein, er nimmt sie als Ansporn, um zu beweisen, dass es genau so doch geht, wie er es sich vorgestellt hat. Wer den jungen Wilden des württembergischen Weinbauverbandes sieht und nichts von seiner Wein-Edition »Kesselliebe« weiß, hält ihn eher für einen Sportler oder Bodybuilder als für einen Experten für beste Hanglagen. Der 1987 in Stuttgart geborene Christoph Kern ist in Fellbach-Schmiden aufgewachsen, wo er lange Jahre aktiver Leichtathlet war. Bei einer

Größe von 196 Zentimetern und einem dreistelligen Gewicht fiel seine Wahl auf – wen überrascht's? – Diskuswurf und Kugelstoßen.

Nach dem Zivildienst ging es in ein einjähriges Weinbaupraktikum, dann an die renommierte Weinhochschule in Geisenheim für das Studium. Die theoretische Weinausbildung hat er durch Praktika bei der Genossenschaft in St. Michael-Eppan in Südtirol und auf dem Weingut »Elephant Hill« in Neuseeland ergänzt. Während einer Weltreise bewarb sich Christoph Kern für ein Masterstudium in Wirtschaft an der TU München. Während des Studiums konnte er ein Jahr an der Sabancı-Universität in Istanbul studieren. Seit 2017 arbeitet er in Vollzeit im Familienbetrieb. 2018 wurde er zum Jungwinzer des Jahres des Weinbauverbandes Württemberg und zum dritten DLG-Jungwinzer des Jahres gewählt.

An Stuttgart gefällt ihm »besonders die Vielfalt, die Menschen mit unterschiedlicher Herkunft zusammenbringt«. Er mag es, »dass man gleich im Grünen« ist und »jeder Stadtteil sein eigenes Flair« hat. Zu den Pluspunkten zählt er außerdem »die ausgeprägte Hochkultur und auch Subkultur, Kulinarik von Sterneküche bis Shawarma, Weinbau und Industrie Haustür an Haustür«. Vieles wie Flughafen, Messe, Schleyerhalle oder Stadion mache eine Großstadt aus. Doch wenn man sich in Stuttgart bewege, fühle es sich »oft eher wie ein großes Dorf« an.

Was ihn stört, ist die »Mentalität vieler Leute, die sehr pessimistisch sein kann«. Sie führe dazu, dass man in Stuttgart generell alles kritisiere. Kern beklagt »viele Verhinderer und Blockierer, die dafür sorgen, dass es nicht vorwärtsgeht«.

Christoph Kern, dessen Vorfahren ihre Weinhandlung und Kelter mitten in der Stadt betrieben, in jenem Haus an der Tübinger Straße, in der sich heute die Galerie »Kernweine« befindet, ist mit heimatlichem Stolz zu einem »local hero« geworden. Seine sechs Weine sind eine Hommage an Stuttgart. Was für ihn einen guten Wein ausmacht? Der einstige Spitzensportler redet nicht groß drumrum: »Für mich muss ein Wein nach dem ersten Schluck gleich Bock machen auf den nächsten. Man darf das Glas kaum wieder abstellen wollen.« Wer seinen Kessel liebt, stößt auf ihn gern mal an. In der Corona-Pandemie hat der Jungwinzer Thomas Diehl aus Stuttgarts ländlichem Stadtteil Rotenberg bundesweit mit seinem »Hamsterwein« für Aufsehen gesorgt. Auf dem Etikett war ein süßer Nager. Die Deutschen sollten nicht nur Klopapier hamstern, meint er, sondern auch Wein. Französische Lebensart scheint auch bei uns zu funktionieren. Seine Edition wurde quer durch die Republik zum Renner.

Ein weiter Weg zur Toleranz

An Mätressen mangelt es in der Geschichte der Monarchie nicht. Was aber ist, wenn der König neben der Königin sein Leben nicht mit einer Frau versüßt, sondern mit einem Geliebten? Wie nennt man das männliche Pendant zur Mätresse? »Günstling«, sagt die Historikerin Linda Prier, »offiziell gab's am Hof damals natürlich keine schwule Affäre.«

Charles Woodcock war ein »Günstling«. Königin Olga hatte ihn als Vorleser ins Schloss geholt. Prompt verliebte sich der Gatte, König Karl, unsterblich in den 27 Jahre jüngeren Amerikaner. Darüber erzählt Linda Prier auf der »Rainbow-Tour« des Erfolgsblogs »Unnützes Stuttgartwissen« (USW), wenn sie an Orte zieht, die für eine bunte Stadt stehen. Anekdotenreich geht's bei dem etwa zweistündigen Stadtspaziergang zu. Linda Prier hat mit USW-Gründer Patrick Mikolaj wochenlang recherchiert, mit Zeitzeugen gesprochen, in Archiven geblättert, um »unnützes Wissen« auszugraben, das in der Regenbogen-Community noch nicht so bekannt ist. Befragt wurde unter anderem der Modedesigner Harald Glööckler, der mit seinem Partner Dieter Schroth von 1987 bis 1997 in der City ein Modegeschäft führte. »Wir waren neben dem Hegelhaus in dem Laden, der sowohl einen Eingang an der Eberhardstraße als auch in der rückwärtigen Straße hat«, sagt der Modestar, der heute in der Pfalz lebt.

Gewöhnlich beginnen Märchen mit den Worten »Es war einmal«. Glööckler, dessen Kopf bereits eine Marke ist, wie das sonst nur bei Udo Lindenberg und Heino der Fall ist, trat in Stuttgart mit »Es wird einmal« an. Es wird ihm einmal gelingen, so wusste er als Chef seines Ladens »Jeans Garden« beim Tagblatt-Turm, dass die Nation wegen seiner Mode über ihn spricht. An allen Ecken und Enden hatte man ihm in Stuttgart Steine in den Weg gelegt. Mittlerweile ist er froh darüber: »Aus den Steinen, die man nach mir geworfen hat, habe ich mein Schloss gebaut.«

Schon immer an ihren Harald geglaubt hat die Gastro-Legende und Politikerin Laura Halding-Hoppenheit, deren Kings Club (KC) und Tom's Bar zu den 21 Stationen der Rainbow-Tour zählen. Die »Schwulenmutti« hat in ihrem roten Keller so manchen Promi gesehen, ob er erst noch einer werden sollte oder schon einer war. Wenn etwa Freddie Mercury in Stuttgart gastierte, besuchte er fast immer das KC. Die Wirtin erinnert sich: »Freddie sah gut aus, war ruhig, etwas unsicher, zurückhaltend, als er noch nicht ganz so berühmt war. Viele meiner Gäste haben sich in ihn verliebt. Einmal kam er mit Barbara Valentin. Zum Glück gab's damals keine Handys. Hätte man damals sofort Fotos bei Instagram oder Facebook gepostet, Freddie hätte keine Ruhe mehr gehabt.

Er wollte tanzen, trinken, Sex haben, also einer wie viele andere sein.«

Keiner rollt das R so schön wie Laura. »Horrrorrr« ist ihr Lieblingswort – mit besonders vielen Rs. Als der Kings Club 1977 in einem Keller ohne Beleuchtung fast heimlich eröffnete, flogen wenig später Steine durch den Eingang. Heute wünschen die Gäste ein helleres Fassadenlicht – verstecken will sich keiner mehr.

In Rumänien hatte Laura einen tyrannischen Vater ertragen. Zum Kunststudium ging's nach Hamburg, wo die Liaison mit einem Chefredakteur begann. In den 1970ern zog sie mit ihm in eine Villa nach Stuttgart. Dort wollte sich kein Spießerglück einstellen. Wohl fühlte sie sich nachts mit schwulen Künstlern. Nach der Trennung von ihrem Mann verlor Laura den goldenen Käfig. Fortan musste sie Geld verdienen, weshalb sie im KC jobbte. In dessen Betreiber Thomas Bergmeister verliebte sie sich, war für ihn »die erste und letzte Frau«. Bald wurde sie selbst Chefin des Kings-Kellers.

Noch immer hat die Linken-Politikerin die Titelseite des »Spiegels« vor Augen, auf der es 1982 zum ersten Mal um eine »tödliche Seuche« ging. In ihrem Club wurde Aids drastisch buchstabiert: »Ab in den Sarg.« Die exotisch-flippige Schwulenfreundin wurde zur politischen Aktivistin im Kampf gegen die Krankheit. Bis heute finanziert sie Anti-Aids-Projekte und vieles mehr aus eigener Tasche.

Es gab Zeiten, da drohte Gefängnis bei Sex unter Männern. Die Verfolgung Schwuler ist vom Hotel Silber aus, der einstigen Gestapo-Zentrale, selbst nach dem Krieg noch betrieben worden. Die Tour führt dorthin, wie auch an das Opernhaus. Dass sich in Stuttgart früher als andernorts liberales Denken durchgesetzt hat, war auch ein Verdienst des 1973 verstorbenen Intendanten John Cranko, der selbst keinen Hehl aus seiner Homosexualität machte. Weitere Stationen sind der »Goldene Heinrich«, mit über 100 Jahren die wohl älteste Schwulenbar Deutschlands im Leonhardsviertel, das Hotel Marquardt, in dessen Café sich in den 1920ern selbstbewusst »Homoeroten« trafen, der »Palast der Republik«, der ein Klohäuschen war, in dem sich Schwule zur Kontaktaufnahme trafen, und viele mehr.

Wenn man bei dem Stadtspaziergang am Denkmal für die Aids-Opfer steht, das sich vor der Oper befindet, oder auf dem Leonhardsplatz einen kleinen, fast unscheinbaren Stolperstein sieht, der Will Karl App gewidmet ist, der mit 23 Jahren aufgrund seiner sexuellen Orientierung im Jahr 1942 im Konzentrationslager Sachsenhausen ermordet worden ist – dann gehen einem die Schicksale und all das Unrecht, das Schwule erleiden mussten, sehr nahe.

Die Tour endet mit einem Drink im »Rubens« am Hans-im-Glück-Brunnen. »Heute versteckt sich die LGBTTIQ-Community nicht mehr – sie ist mittendrin«, sagt Patrick Mikolaj. Übrigens hatte König Karls Großvater, König Friedrich I., heimlich einen Mann verehrt, den Grafen Carl von Zeppelin, dem er gar ein Denkmal im alten Friedhof in Ludwigsburg bauen ließ.

Amazonen sind treu bis zum Tod

Schreit ein Baby? Oder wird ein Tier gequält? Wer zum ersten Mal in Bad Cannstatt schrille Laute hört, steht vor einem Rätsel.

Nicht selten kommt es vor, dass die Polizei alarmiert wird. Wer die Papageien sieht, die den akustischen Krawall erzeugen, und deren Geschichte nicht kennt, fragt sich möglicherweise, ob sie aus der Wilhelma ausgebüxt sind.

Quietschgrün sind die wilden Vögel – nur ihre Köpfe leuchten gelb. Laut dem Washingtoner Artenschutzabkommen sind die Gelbkopfamazonen vom Aussterben bedroht und nur noch in Mittelamerika anzutreffen. Doch auch in Bad Cannstatt lebt diese seltene Papageienart vogelfrei.

Der Legende nach ist das erste Paar 1984 einem Wilhelma-Mitarbeiter entflogen. Aber so genau weiß man es nicht. Die Herkunft des Paars ist bis heute ein Geheimnis. Fest steht, dass eines Tages eine Gelbkopfamazone in der Wilhelma auftauchte, vermutlich ein entflohenes Haustier. Da Papageien gesellige Tiere sind, besuchte der Vogel jeden Morgen seine Artgenossen. Ein Zoomitarbeiter muss Mitleid mit dem einsamen Vogel gehabt haben, so spekulieren die Experten. Denn exotische Tiere freizulassen ist rechtlich untersagt. Trotzdem hat sich irgendwann ein Paar gefunden.

Über 50 Mitglieder gehören mittlerweile zu der einzigen in Europa frei lebenden Papageienfamilie. Die meisten Cannstatter kennen die Amazonen. Mit ihrer südländischen Lebensfreude sind die reing'schmeckten Mitbewohner auch nicht zu überhören. Papageien plappern gern. Lange Zeit haben sie in den Bäumen beim Mineralbad Leuze gewohnt. Dann wurde es aber dort zu unruhig, wie Papageien-Experte Dieter Hoppe vermutet. Wie sie den Winter überstehen, weiß niemand so genau. Sie haben es jedenfalls geschafft, sich der Kälte anzupassen.

In Fressgemeinschaften aus vier, fünf Vögeln pendeln sie zwischen Cannstatter Kurpark und Unterem Schlossgarten hin und her. Gesehen wurden sie aber auch schon in Feuerbach und Fellbach. Im Rosensteinpark brüten die Papageien.

In der Regel werden die Gelbkopfamazonen 70 bis 80 Jahre alt. Sollte das erste Paar noch leben, das Mitte der 1980er die Population begründet hat, sind sie vermutlich immer noch zusammen. Denn Amazonen sind sich, wie wir von Biologen wissen, ein Leben lang treu.

Stuttgarts nackte Tradition

Mehr als weiße Stiefel und einen weißen Helm trug sie nicht. Für einen schnellen Fotoschuss stand Justyna Koeke, Dozentin an der Kunstakademie Stuttgart, nackt auf einem Betonpodest beim Wagenburgtunnel, vom Straßenverkehr umtost.

Schutzlos war sie den Blicken der Auto- und Motorradfahrer ausgeliefert. Der Gedanke an ungeschützten Verkehr hätte aufkommen können. Der Begriff »Safer Stuttgart« jedenfalls passt schon lange nicht mehr zu dieser Stadt. Wer mit seinem individuellen Verkehrsmittel unterwegs ist, muss sich höllisch konzentrieren, um Verzweigungen mitten auf einer Bundesstraße zu treffen, um im Schilder-Baustellen-Labyrinth die richtige Durchfahrt zu finden.

Und dann das! Eine Nackte in weißen Stiefeln!

Alles war in wenigen Minuten beendet. Aufs

Podest steigen, ausziehen, Foto machen und weg! Unfälle haben die Künstlerinnen und Künstler nicht verursacht, als sie sich für ihren ersten Nacktkalender im Jahr 2016 mitten in der Stadt entblättert haben, aber Zusammenstöße von neuem und alten Denken beim Thema Städtebau waren gewollt. Ironie sollte »Streitverhärtungen aufbrechen« und »für Entkrampfungen sorgen«. Auf dem ersten Cover war der Fernsehturm zwischen den Schenkeln eines Models platziert. Seitdem wird Jahr für Jahr mit Provokationen nachgelegt. Nicht wenige freuen sich auf einen neuen Nacktkalender der Kunst, der sich immer anderer Themen annimmt.

Der Verkehr, die Staus, Kessel-Schmutz, die Wohnungsnot – an Zündstoff mangelt es nicht. Die vielen Baustellen der Stadt – und es wird nicht nur für Stuttgart 21 gebaut, es gibt noch viel mehr Prestige-Architektur – lassen kaum Entspannung zu. Die Menschen sind genervt, reagieren gereizt, haben die Nase voll von Klimakillern, Feinstaub und Dieselskandalen.

Von der Leichtathletik-WM 1993 über die Fußball-WM 2006 und weit darüber hinaus erklang viel Lob: Stuttgart sei aus dem Dornröschenschlaf erwacht, vereine Feierlaune mit südländischem Temperament, hörte man einst. Und jetzt wird dieses neu-schön-schwäbische Lebensgefühl ausgebremst. »Das Stadtbild ist von Chaos, Stau und nervösen Bürgern geprägt«, sagt die Künstlerin Justyna Koeke. Über Behinderungen durch die vielen Baustellen könne man sich ärgern oder sie »als Anlass zum humorvollen Aktionismus nehmen«.

Nackt in der Natur, befreit von Zwängen, ganz ohne erotische Absichten: Womit Stuttgarter Künstlerinnen und Künstler mit ihren Kalendern für Aufsehen sorgen, hat in Stuttgart Tradition. In den 1920ern war die Stadt sogar führend, was Bewegung im Licht ohne Hüllen anging.

Ob Nacktheit in der Öffentlichkeit Spaß ist oder gar eine politische Botschaft darstellt, wird nicht nur zum Christopher Street Day (CSD) hitzig diskutiert. Lange bevor es den Begriff Freikörperkultur gab, vertraten revolutionäre Menschen in Stuttgart die Ansicht, dass, wenn alle nackt sind, alle auch gleich sein könnten. Der 1995 verstorbene Schauspieler Oscar Heiler, bekannt für seine schwäbische Spießerfigur des »Häberle«, schloss sich als Linker der Nacktbewegung an und wurde Vorsitzender des Vereins für freie Lebensgestaltung. Der Vereinsname zeigt, dass es um eine neue Art der Lebensführung ging, im besten Falle sogar um Befreiung.

Zurück zur Natur! Wer meint, dies sei eine Parole von genervten Großstädtern heute, kennt die Freunde des Ausdruckstanzes nicht, die auch in den 1920ern Stuttgart zum Zentrum ihrer Bewegung machten. Führend dabei war der ungarische Autor Rudolf von Laban. Aus Zürich war er nach Stuttgart gezogen, um Intendant am Staatstheater zu werden. Daraus wurde zwar nichts, doch rasch scharte von Laban Gleichgesinnte um sich und schrieb sein Buch »Die Welt des Tänzers« – und damit Tanzgeschichte.

Zu seinem naturnahen Lebenskonzept gehörte, dass man sich der heilenden Kraft der Luft, des Sonnenlichts und der Bewegung ganz ohne Hüllen aussetzen sollte.

Gibt es dafür einen schöneren Ort als die Anhöhe des Bopser? Ein Förderer des Tanzes war der Unternehmer Ernst Sieglin, der seinen Reichtum der Herstellung von Dr. Thompsons Seifenpulver verdankte. Dem Stuttgarter gehörte der Weißenburgpark samt Villa. Das Teehaus dieses Anwesens, ein Pavillon mit Säulenkranz, diente der Eigentümerfamilie als Gartenhaus. Der Patron, ein Kunstmäzen, lud die Ausdruckstänzer ein, die in dem noch nicht öffentlich zugänglichen Park mit dem Einsatz des gesamten Körpers ihre Gefühlswelt erkunden und darstellen konnten. Mit dabei war die spätere Tanzlehrerin Ida Herion, der es in ihrer Tanzerziehung vor allem um Kunst, Gesundheit und Körperharmonie ging.

»Bewegung kann eine momentane Stimmung oder Reaktion als auch konstantere Wesensmerkmale einer Persönlichkeit charakterisieren«, schrieb

Rudolf von Laban in dem Buch »Die Kunst der Bewegung«. Dass er seine Tänzerinnen ohne Kleider agieren ließ, hatte wenig mit Verruchtheit zu tun. Es war der Drang, sich nach einem verlorenen Krieg aus der Depression zu befreien. Die Menschen wollten den Neuanfang in allen Bereichen. Es war der Traum von friedlichen Zeiten, in denen der Mensch auf seinen Körper hört, auf die Gesetze der Natur, nicht auf die Selbstzerstörung hoher Herrschaften. Viele ernährten sich vegetarisch.

Ebenfalls in den 1920ern erlebte der Burlesque-Tanz seine Blüte – eine erotische Show, die glamourös die Kunst der Andeutung zelebriert. Stuttgart gilt heute als Hochburg dieser Tanzform.

Nacktheit sorgt für Aufmerksamkeit, sofern nicht alle nackt in der Sauna sitzen. Die Kalenderkunstgruppe will damit ungewohnte Sichtweisen auf Stuttgart eröffnen – etwa mit Szenen von tierähnlichen Zusammenrottungen in Wiesen und Wäldern. Sind das Fake-News? In der Natur ist alles wahr – und die meisten Geschöpfe, mit Ausnahme der Menschen, ziehen sich nie etwas an.

Immer wieder fallen die Nacktshootings in Stuttgart auf, weil sie etwa während der Fahrraddemo Critical Mass oder in Staus der Heilbronner Straße stattgefunden haben. Mitunter schaute die Polizei vorbei – doch zu Anzeigen kam es nicht. Zumeist waren nackte Frauen unter sich. Den Tatbestand des Exhibitionismus gibt es nicht bei ihnen, nur bei Männern. Einschreiten wollten die Beamten nur, wenn es zur Straßengefährdung komme, wenn Nackte etwa Autofahrer ablenken. »Wird mit Kunst Exhibitionismus legal?«, wurde im Netz gefragt.

»Sex sells« – dies sollte keiner zu der Künstlerin Justyna Koeke sagen. Den Spruch hält sie für »altbacken« und betont: »Nackte Haut hat doch nichts mit Sex zu tun – wir wollen die Stadt aufrütteln.« Der Shitstorm, den es zum dritten Nacktkalender gegeben hat, zeige, wie »prüde« und »sexistisch« die Stadt immer noch sei.

Die kontroverse Debatte ist ganz in ihrem Sinn. »Das führt zum Nachdenken über das Verhältnis zum eigenen Körper«, sagt die Mutter eines Sohnes, „wir müssen lernen, unseren Körper schön zu finden und ihn so hinzunehmen, wie er ist.« Der Kunstkalender richte sich »gegen Körperfeindlichkeit«.

Also, liebe Leserinnen und Leser, dann schauen wir doch alle mal, was hübsch an uns ist! Vielleicht lässt sich Schönsein sogar erlernen – mit Selbstbewusstsein und Zufriedenheit. Sollte Ihnen jemand mal vorwerfen, Sie hätten ein paar Pfunde zu viel oder zu wenige Muckis, sagen Sie einfach: Mein Körper ist nicht perfekt, aber ein Kunstwerk! Alles bestens also! Ist das Kunst oder kann das weg? Es ist KUNST! Was will man mehr?

Blümchen-Sex im Westen

Dem Internet ist Oliver Lozano sehr dankbar. »Wenn ich mich durchklicke«, sagt der Werbefotograf, »weiß ich, dass ich nicht der einzige Perverse auf dieser Welt bin.« Auf der kleinen Bühne der Erotik-Boutique »Frau Blum« im Stuttgarter Westen steht der Glatzkopf und rät seinen Geschlechtsgenossen, was zu tun ist, um die Zahl der Streicheleinheiten zu erhöhen: »Wenn du deine Glatze frisch rasiert hast, wollen dir alle über den Kopf fahren.«

Im überfüllten Laden hört das Publikum, das kuscheleng auf Bierbänken sitzt, etliche Tipps zur Luststeigerung. Über die »Flaute im Bett« haben Mascha Hülsewig und Alexandra Steinmann, die Inhaberinnen des etwas anderen Sexshops, auch schon in der SWR-1-Frühsendung gesprochen – zu einer Zeit, als viele noch am thematisch passenden Ort lagen, also im Bett. Die Schulfreundinnen, die im Jahr 2014 beschlossen haben, gemeinsam noch mal was Neues zu starten und die Erotik zu ihrer Geschäftsidee zu machen, werden immer öfter als »Sexpertinnen« eingeladen. Ihre Arbeit bringt es mit sich, dass die beiden was auf Lager haben (vielleicht sogar im Ladensortiment), um aus einem altgedienten Ehehafen die Windstille zu nehmen.

Den Sexshop wollen die Blümchens aus der Schmuddelecke holen. Eine Generation, die mit Youporn auf dem Handy groß wird, soll sehen, dass Lust auch was mit Kunst zu tun haben kann. Regelmäßig gibt's in dieser Boutique kulturelle Veranstaltungen. Wird die angeblich schönste Nebensache der Welt noch schöner, wenn sie Niveau hat?

»Seit sie sich grün regieren lassen, sind die Stuttgarter gut im Nicht-Stuttgarter-Überraschen«, schrieb ein aus München angereister Redakteur der »Süddeutschen Zeitung«, als ihn eine Freundin zu »Frau Blum« geführt hatte. An diesem Abend wurden farbenfrohe Schaumstoff- und Stoffkreationen der Künstlerin Justyna Koeke sowie Erwachsenenspielzeug zugunsten eines Projekts versteigert, das Frauen beim Ausstieg aus der Prostitution hilft.

Der bayerische Journalist ertappte in der Erotik-Boutique ein Publikum, das er »in Mehrzahl« als »gutbürgerliches Normal-Stuttgart« beschrieb, beim Bieten für eine »Ejakulat-Wandskulptur«, für einen »Kaktuspimmel zum Umhängen« und für den »Vibrator Dolly«, der handtaschentauglich als »Stauversüßerle« angepriesen wird. Der Mann freute sich: »Klischees sind am tollsten, wenn sie einem vor der Nase zerplatzen.«

Wums! Knall! Das Stuttgart-Klischee ist auch nicht mehr das, was es einmal war – im guten, alten Westen der Stadt fliegt's auseinander.

Helfen Dildos und Dessous, verloren gegangene Leidenschaften zurückzuholen? Eine für alle gültige Antwort gibt es nicht, weiß Mascha Hülsewig. Missionieren will sie auf keinen Fall. »Jeder muss selbst erkennen, was gut für ihn ist«, sagt die frühere Pressesprecherin des Friedrichsbau Varietés. »Wenn ein Paar ohne Sex glücklich ist, dann ist das auch gut.«

Sex- und Vergnügungszwang, wie beruhigend, besteht also nicht. Aber es kann nicht schaden, wenn man sich ein wenig anregen lässt, wie dies bei den Kulturveranstaltungen von Frau Blum erwünscht ist. Zum fünften Geburtstag des Geschäfts hatten Künstlerinnen und Künstler den beiden Chefinnen eine Mixed-Show geschenkt.

Die Autorin Ines Witka las Prickelndes aus ihrem Erotik-Roman »Mut – Theater der Lust.« Die Dozentin der Volkshochschule sagt, dass ihr die psychologische Komponente in ihren Geschichten am wichtigsten sei. An seiner Sexualität erkenne man den Menschen. Frauen, sagt sie, würden erotische Texte anders schreiben als Männer. Ihre Verlegerin merke sofort, wenn ein Mann ihr unter falschem Frauennamen ein Manuskript geschickt habe. Bei schreibenden Männern werde eine Frau schneller zum Objekt.

Der Fotograf Oliver Lozano, der über seine Arbeit auf der kleinen Bühne sprach, ist Kunde des Ladens, weil er mit Obst-Dildos Märchenaufnahmen inszeniert. Kristina Brustik und Frieder Eckert gaben Einblicke in die Tantra-Massage. Kabarettistin Sabine Schief führte sehr lustig Auszüge aus ihrem Programm »Sex sells – was willsch macha?« vor. Anna Breitenbach trug Gedichte vor. Eines handelt vom männlichen Geschlechtsteil und geht so: »Rein will er, dafür steht er, dafür lebt er.« Im Separee »Pornö« wurden Sex-Filme einer Regisseurin gezeigt, die anders sind als die gängigen Männer-Pornos und die vor allem Frauen erfreuen sollen.

Stuttgarts Burlesque-Ikone Fanny Di Favola tanzte und entblätterte sich mit sinnlicher Raffinesse. Kollegin Raunchy Rita rief zur gemeinsamen Glamour-Übung auf. Bitte alle aufstehen! Die Füße so stellen, dass die großen Zehen nahe sind! Brust raus! Die Devise dabei lautet: »Die Brüste zeigen immer nach oben zu Gott!« An der Wursttheke könne man die Sache wiederholen und somit Glamour in den Alltag bringen.

Viele dachten bei der Eröffnung 2014, der Erotikladen überlebt nicht lang. »Heute weiß ich, dass Nachbarn Wetten abgeschlossen haben, wann wir wieder weg sind«, sagt Mascha Hülsewig. Das Internet ist zwar voll mit Sex und Perversität, aber es scheint daneben noch genügend Lust übrig zu sein, sich nicht nur digital zu beglücken. Am schönsten sind Sinnesfreuden halt immer noch analog.

Keiner will's gewesen sein

Die Schuld an dem Desaster um das Verkehrs- und Städteprojekt Stuttgart 21 will heute keiner mehr übernehmen, schon gar kein Häuptling der Deutschen Bahn. Gleich zwei Chefs des zu 100 Prozent bundeseigenen Unternehmens haben versichert, sie hätten den unterirdischen Bahnhof nicht auf den Weg gebracht, der für immer neue Kostenexplosionen sorgt. Rüdiger Grube, der Anfang 2017 als Vorstandschef der Bahn zurückgetreten ist, versicherte, Stuttgart 21 »nicht erfunden« zu haben. »Ich hätte es auch nicht gemacht«, sagte er im Jahr 2016. Und sein Nachfolger Richard Lutz erklärte: »Mit dem Wissen von heute würde man das Projekt nicht mehr bauen.«

Komplett aus dem Ruder gelaufen ist das riesige Bauvorhaben, von dem Rüdiger Grube einmal sagte, nur bis zu einem Kostenrahmen von 4,5 Milliarden Euro sei es wirtschaftlich sinnvoll. Seit 2009 ist das Volumen höher als die Wirtschaftlichkeitsgrenze. 2013 standen bereits 6,5 Milliarden in der Kalkulation und Anfang 2018 waren es sogar 8,2 Milliarden Euro. Man muss also ordentlich drauflegen, verdient wird nichts mehr daran. Der Bahn-Aufsichtsrat verschob die Eröffnung auf 2025. Und keiner weiß, wie lange sich die neuen Zahlen halten lassen und ob nicht neues Geld in Stuttgart verbrannt wird –

Geld, das dem Zugverkehr in Deutschland dann an anderer Stelle fehlt. Dennoch gilt die Devise »Augen zu und durch«.

Würde man das Projekt beenden und zurückbauen, käme es wesentlich teurer, versichert die Bahn.

Die Gegner des unterirdischen Bahnhofs, die sich seit 2009 jeden Montag zur Demo versammeln, lassen nicht nach mit ihren Protesten. Die Chancen für einen Ausstieg wachsen, sagen sie, je schneller die Kosten explodieren. Noch könne man die Notbremse ziehen. »Der Protest zeigt die Kraft einer demokratischen Bewegung, die die Bürger auch für andere Probleme der Gesellschaft sensibilisiere, aktuell zum Beispiel die Wohnungsnot und rassistische Umtriebe«, sagt der Autor Joe Bauer, einer der Köpfe des Widerstands.

Stuttgart 21 ist der größte Streitfall in der Geschichte der baden-württembergischen Landeshauptstadt. Wer in der Republik die Autometropole nur flüchtig oder gar nicht kennt, weiß eines garantiert: In Stuttgart haben viele Bürger so viel Wut, dass das Wort »Wutbürger« zum Wort des Jahres 2010 wurde. Seit vielen Jahren kämpfen sie gegen den geplanten Tiefbahnhof.

Nie zuvor gab es in Stuttgart so gewaltige Proteste wie gegen den Tiefbahnhof und den damit verbundenen Spekulationsobjekten auf den frei werdenden Gleisanlagen. »Milliardengrab« skandieren Demonstranten immer wieder montags. Ihr Ruf »Oben bleiben« ist in der Stadt bekannter als jedes Kinderlied und hallt auch anderswo in Deutschlands Ohren. »Parkschützer« ketteten sich in die Bäume im nahe gelegenen Schlossgarten, um die Rodung zu verhindern. Am »Schwarzen Donnerstag« im Jahr 2010 setzte die Polizei Wasserwerfer ein, um das Baufeld zu räumen. Der Rentner Dietrich Wagner verlor dabei fast sein gesamtes Sehvermögen.

Die Protestbewegung gegen S21 war ein wichtiger Grund, warum die Grünen mit ihrem Spitzenmann Winfried Kretschmann im Mai 2011 an die Regierung kamen. Die Volksabstimmung, die sie durchsetzten, warf die Gegner des tiefergelegten Bahnhofs erst einmal weit zurück. »So ist Demokratie«, erklärte der Ministerpräsident nach der Wahl, »die Mehrheit des Volkes wollte S 21, also wird das jetzt gebaut.« An diese Volksabstimmung seien Land und Stadt nach der Verfassung gebunden. Dies habe nichts damit zu tun, was er persönlich wünsche, sagte Kretschmann. Auch sein Parteifreund, Stuttgarts Oberbürgermeister Fritz Kuhn, war einst ein rhetorisch versierter Gegner des Bahnprojekts. Heute sagt er, die vielen Bauaufträge seien gut für die Stadt. Nur müsse man zügig vorankommen. »Nicht hinter jedem Bagger sollte ein Anwalt stehen, der klagt«, findet der Grüne inzwischen.

Ein tiefer Graben zieht sich durch die Stadt. Auf Jahre wird sich daran nichts ändern. Und in den Sternen steht, wie viele Jahre es noch dauern wird, bis der erste Zug unterirdisch in Stuttgart ankommt.

Der tiefergelegte Bach und das »Wilde Wasser«

Stuttgart am Nesenbach – es sind die älteren Stadtchronisten, die diese Bezeichnung gern wählen. In Wahrheit liegt die Stadt nicht am, sondern über dem Fluss, der zum Abwasserkanal heruntergekommen ist.

Stuttgarts alte »Lebensader« – der Nesenbach – ist leider seit Ende des 19. Jahrhunderts komplett aus dem Stadtbild verschwunden und fließt nur noch unterirdisch durch den Talkessel.

Die Stadt, die einen Bahnhof tieferlegen will, hat einst einen ganzen Fluss unter die Erde versenkt. Nein, es ist kein Märchen. Beim Nesenbach denkt der Schauspieler Boris R. Hauck an die Toilettenfrau, die davon träumt, so schön zu singen wie die Callas, aber dann nur Klobrillen schrubbt.

Das holde Flüsslein wollte eine Diva sein. Aus den Honigwiesen in Vaihingen entspringt es, führt aber wahrlich keinen Honig mit sich, wenn es runter in die Stuttgarter Unterwelt muss, um nach 13 dreckigen Kilometern im Klärwerk Mühlhausen zu enden.

»Ich, der Nesenbach – ein Fluss packt aus«, so heißt das Bühnenprogramm, mit dem Boris R. Hauck durch die Stadt zieht. Um das Schicksal des einstmals stolzen Gewässers geht es, um die schöne Zarentochter Katharina, die sich bei ihren Spaziergängen im Wasser des Bächleins spiegelte. »Selbst heute hat der Stadtfluss noch immer nicht seine Ruhe«, sagt Hauck, »für den Tiefbahnhof wird er erneut umgebettet.« Die Verlegung des überdeckelten Bachs unter den Bahnhofstrog war Voraussetzung für Stuttgart 21. Auch wenn es technisch kompliziert und bei Geologen umstritten ist – das Eisenbahnbundesamt genehmigte den Nesenbach-Düker.

Bei anderen Bauarbeiten, für das Dorotheenquartier von Breuninger, durfte der versteckte und verdreckte Fluss noch einmal ans Tageslicht – also das, was von ihm übrig geblieben ist. Zu sehen war nur ein dickes Rohr, das durch die Baustelle führte und unter einem Torbogen verschwand – der Bach, der mal die Lebensader der Stadt war, hat seine Freiheit längst verloren, dient aber dazu, heimlich den Dreck wegzuspülen. Der städtische Eigenbetrieb Stadtentwässerung Stuttgart (SES) führt dies bei Besichtigungen vor, die am Neckartor starten. Im Normalfall ist der Kanal halbvoll mit den Abwässern, die für die Kläranlage in Mühlhausen bestimmt sind. Regnet es stark, schwillt der Bach zu einem reißenden Strom an.

Über Jahrhunderte hinweg war der Fluss ein wichtiger Trinkwasserlieferant. Doch mit jeder neu gefassten Quelle ist dem Bach immer mehr Wasser in seinem Oberlauf entzogen worden. Den Müllern fehlte deshalb das Wasser für ihre Wasserräder. Deren Beschwerde ist es zu verdanken, dass 1566 der Pfaffensee mit dem Christophstollen als Abfluss in der Heidenklinge angelegt wurde.

Weil der Nesenbach besonders im Sommer zum Himmel stank, gab es 1778 die ersten Überdeckelungen. 1850 lebten 50.000 Menschen in Stuttgart – ohne Kläranlage. Gerber, Handwerker, Bierbrauer und alle anderen ließen ihre Abfälle, allerlei Unappetitliches, in den dreckigen Fluten verschwinden.

Aus den Augen, aus dem Sinn? Seit Jahren setzt sich der Verschönerungsverein Stuttgart dafür ein, den Bach freizulegen. Ein durch die Stadt plätscherndes Gewässer sei ein belebendes Element für die Innenstadt. Obendrein gäbe ein wiederaufgetauchter Nesenbach der Stadt ein Stück Identität zurück. Wie der Vogelsangbach in Feuerbach und die kleinen Bäche aus der Dobelklinge und der Bopserklinge könnten diese Gewässer das Stadtbild verschönern, für Abkühlung und bessere Luft sorgen.

Beim Stichwort Nesenbach denken viele auch an das Breuninger U. Wer hier vom Mittelbau zum Hochhaus wollte, musste Rolltreppen benutzen. Beim Runter- und Hochfahren konnte man Aquarien bewundern, auf die sich besonders Kinder freuten. Es stimmt, dass der Nesenbach mitten durch das Kaufhaus führt und man daher einen kleinen Umweg machen muss – aber das Wasser in den Aquarien war viel zu sauber, als dass es von dem Abwasserkanal stammen konnte. Irgendwann kamen die meisten dahinter – schon allein, weil man nie sieht, wie Fische den Bach runterschwimmen.

Auch der weitaus bekanntere Stuttgarter Fluss, der Neckar, war schon mal sauberer. Als der Schwimmverein Cannstatt 1898 gegründet wurde, gingen die Mitglieder zum Trainieren in kein Bad – damals war es noch normal, in den Neckar zu springen. Heute braucht man schon ein stabiles Immunsystem, um den Fluss ohne Darmleiden zu verlassen. Geografisch mag es richtig sein, dass Stuttgart am Neckar liegt. Vom Gefühl aber hat sich der Fluss weit von der Stadt entfernt.

Die Kelten hatten den Fluss »Wildes Wasser« getauft, Neckar hieß das in ihrer Sprache. Anders als in anderen Städten üblich, siedelten sich die Menschen weit weg vom Neckar an. Stuttgart lag »nur« am Nesenbach. Erst 1836 mit der Eingemeindung von Berg wuchs die Residenzstadt an den Neckar heran, 1905 kamen Bad Cannstatt und Münster hinzu. Von der wilden Kraft des Wassers ist heute nicht mehr viel zu spüren. Der Fluss wurde gebändigt und kanalisiert.

In den 1920ern begann der Ausbau zur Schifffahrtsstraße. Damals konnten noch Menschen zum Baden rein. Heute fehlt der Zugang für Schwimmer. Am Ufer sind Betonsteine, die den Ausstieg erschweren. Schwimmer sollen den Schiffsverkehr nicht stören. Bei seinem Amtsantritt 1997 hatte Oberbürgermeister Wolfgang Schuster versprochen, den Neckar so sauber zu machen, dass er ihn noch während seiner Amtszeit zum Baden freigeben könne. Es ist nichts daraus geworden. Der Neckar bleibt laut Landesgesundheitsamt als Badegewässer »ungeeignet«. Auch wenn er sauberer ist als in den 1960ern. Als man kurz nach der Wahl von Oberbürgermeister Fritz Kuhn Proben am Neckar entnahm, etwa bei den Mineralbädern, war das Ergebnis katastrophal: In 8 von

18 Proben wurden Salmonellen nachgewiesen sowie in fast allen Proben Viren, die Darmerkrankungen verursachen.

Kuhn ist mit dem festen Willen angetreten, den Neckar in die Stadt zu holen beziehungsweise die Stuttgarter mit ihrem Fluss überhaupt in Kontakt zu bringen. Einen »Masterplan Neckar« gibt es mittlerweile. Jedes Jahr soll eine »Neckarperle« realisiert werden. Die Stadt ist gespannt, wo im Neckar die Perlen funkeln. Vorbild dafür könnte Poppenweiler sein – ein großartiges Beispiel für die Renaturierung des Industrieflusses.

Ein Berg zur Erinnerung

Die Zeit nach dem Krieg war die Zeit der Geschäftemacher. Die deutsche Wirtschaft stand kurz vor ihrem legendären Wunder. An Ideen mangelte es nicht, um für Wachstum und Wohlstand zu sorgen.

Doch aus manchen Ideen ist nie etwas geworden – zum Glück! Anfang der 1950er stieß der Vorschlag eines Stuttgarter Gastronomen, auf dem Plateau des Trümmerbergs eine Gaststätte zu errichten, auf geschlossenen Widerstand aus dem Rathaus. Alle Parteien des Gemeinderats waren sich einig, derartige Pläne zu verhindern, wie im »Amtsblatt« von 1952 nachzulesen ist.

Erst ein Jahr nach diesem Artikel, also acht Jahre nach Kriegsende, war die Stadt so weit, die zerstörten Fassaden, Säulen und Mauersteine hoch auf den Birkenkopf zu fahren. Von 1953 bis 1957 ist der Hügel am Rande des Stuttgarter Westens um 40 Meter gewachsen und noch markanter geworden. Mehr als 1,5 Millionen Kubikmeter Kriegsschutt wurden aufgetürmt, weshalb der nun 511 Meter hohe Berg zum »Monte Scherbelino« geworden ist. Diesen Namen tragen in vielen deutschen Städten die Trümmerberge ein wenig verniedlichend. Sie sind Mahnmale gegen den Krieg, auch wenn sie nicht überall als solche erkannt werden. In all den Jahren wachsen und wuchern sie zu. Sträucher, Unkraut und Gräser nehmen die geschichtsträchtigen Erhebungen in Besitz, ausgerechnet jetzt, wo Erinnerungen angesichts eines drohenden Rechtsruckes immer wichtiger werden. Will die Natur aber vielleicht auch nur beweisen, dass sie am Ende stärker ist als die Menschen – die Menschen, denen Natur nicht immer am Herzen liegt?

Wer die Serpentinen des »Monte Scherbelino« durch viel Grün hochwandert, wie dies an schönen Sonnentagen wie dem Volkswandertag geschieht, und wer nichts von der Geschichte weiß, hat zunächst keinen Schimmer davon, auf welchem Grund er sich bewegt. Nach der letzten Kurve sieht man die Reste einer vom Krieg zerstörten Stadt, wie sie über- und durcheinander offen zur Mahnung liegen. Steinerne Ornamente oder Säulenfiguren lassen etwas von der einstigen Pracht vor mehr als 70 Jahren erahnen.

53 Luftangriffe haben die Alliierten auf Stuttgart geflogen. Nach dem Krieg waren 45 Prozent der Stadt zerstört, 67 Prozent der Wohngebäude unbewohnbar. Eine für den Wiederaufbau gegründete Gesellschaft prüfte, welche Trümmerreste man zum Bauen neuer Häuser brauchen konnte und welche abtransportiert werden mussten. Als Standort für den Schutt wählte die Stadt den Birkenkopf. Hier befand sich im Nazi-Regime eine Flakbatterie, deren Geschütze am Ende des Krieges gesprengt wurden. Dies führte zu erheblichen Zerstörungen der Natur. Eine Wiederaufforstung erschien zu teuer. Unterhalb des Birkenkopfs befanden sich Straßenbahngleise, die sich zum Abtransport des Schutts und der Scherben anboten.

Oben auf dem Berg angekommen kann man eine wunderbare Aussicht auf Stuttgart genießen. Das beliebte Ausflugsziel liegt fast 300 Meter höher als der Neckar. Man sieht die Schönheit der von grünen Hügeln umgebenen Stadt und kann dabei den Gedanken nicht ertragen, all dies könne in einem weiteren Weltkrieg noch einmal zerstört werden.

Seit dem Jahr 2003 ist das Kreuz aus Holz auf dem Gipfel durch ein Stahlkreuz ersetzt worden. Dieser ganz besondere Berg ist ein geistlicher Ort. Jeden Sonntag findet hier oben ein Gottesdienst statt. Über das spektakuläre Foto eines Mannes, der an diesem Kreuz hing, ist vor einiger Zeit viel in Stuttgart gesprochen worden.

Schön war der Abend, als Andy Haug, einer der besten Parkour- und Freerunning-Athleten der Welt, mit seinem Kumpel Mike zum Birkenkopf hochlief, zu seinem Lieblingsplatz in Stuttgart. Die untergehende Sonne färbte den Himmel rot und blau. »Spontan«, erzählt der Sportler, habe er beschlossen, auf das zehn Meter hohe Stahlkreuz hochzuklettern, nur mit der Kraft seiner Hände und mit Geschick. Hilfsmittel hatte er nicht dabei.

Der Kumpel hielt die Szene mit dem Smartphone fest. Geplant habe man die Aktion nicht, sagt Haug. Als der Athlet wieder unten war, am Fuß des Kreuzes, sah er sich das Handy-Foto des Freundes an. Zufrieden war er nicht. »Ich bin dann gleich noch mal hoch«, erzählt er. Die Hände schmerzten vom Stahl, den er fest umklammern musste. Die zweite Aufnahme sei dann viel besser geworden.

Das Foto des Kumpels hat in den Internetportalen Facebook und Instagram großes Aufsehen erregt. Neben bewundernden Kommentaren und sehr vielen Likes gab es einige kritische Stimmen. Ein Kreuz dürfe man nicht als Sportgerät nutzen, schrieb jemand. Hat der Extremsportler religiöse Gefühle verletzt? »Ich bin bekennender Christ«, entgegnet Andy Haug. Das spektakuläre Foto mit dem Blick auf den Stuttgarter Kessel lässt sich auch anders sehen: Es zieht die Aufmerksamkeit junger Menschen in den sozialen Medien auf das Kreuz, auf das wichtigste Symbol des Christentums. Wer am Gipfel des Birkenkopfs angekommen ist, sich auf einem alten Stein niederlässt, der auch ohne Worte traurige Geschichten von Kriegszerstörungen erzählt, wer dabei in die Ferne oder nach oben zum Himmel blickt, kann sich dabei in Gedanken verlieren. Was können wir tun, damit sich so etwas niemals wiederholt?

Der Stolz der Stadt

Es mag vermessen sein, Stuttgart mit Paris zu vergleichen. Aber einen markanten Anziehungspunkt für die Blicke gibt es da wie dort. Ein bisschen ist es bei uns, wie in Paris zu wohnen, wenn man den

Eiffelturm sehen kann. Unser Fernsehturm, weltweit der erste seiner Art, thront aufrecht wie eine Eins erhaben über der Stadt – als vertrauter Teil der Hügelsilhouette. Wer aus dem Urlaub kommt, freut sich auf der Autobahn, wenn der Turm am Horizont auftaucht: endlich daheim!

Der Regisseur und Theatermann Charles C. Urban ist einer der vielen Stuttgarter, die den Betonhünen lieben. Sein Küchenbalkon im obersten Stockwerk eines Hauses im Stuttgarter Westen ist sein »Logenplatz zum Fernsehturm-Gucken«, wie der Leiter des New English American Theatre sagt. Er wohnt vis-à-vis des Stuttgarter Stolzes.

Wenn er sich an dem berühmten Zeugnis der Ingenieurbaukunst erfreut, kann er oft nicht anders, als nach der Kamera zu greifen. Spektakulär wird's immer wieder, wenn die Kulissen aus Sonnenstrahlen und Wolken für das Stuttgarter Wahrzeichen wie von Zauberhand auf- und zugezogen werden.

Sind Engel mit ihrer Staffelei unterwegs? Pinseln sich voller Inbrunst mal blau, mal violett, mal grün, mal orangefarben durch die Atmosphäre? Nicht so poetisch, dafür mit Physik erklären Wissenschaftler die Buntphänomene. Das Licht wird gestreut, lernen wir von ihnen. Wenn wir nicht direkt in die Sonne blicken, sehen wir gebrochenes Licht, das über Umwege von der Sonne ins menschliche Auge gelangt. Das gestreute Licht bestimmt also die Farbe des Himmels. Außerdem hängt's vom Sonnenstand ab, von Wassertropfen und Eiskristallen in den Wolken.

»Die beste Zeit für Fernsehturmfotos ist früh am Morgen«, sagt der Regisseur, »kurz bevor die Sonne aufgeht oder kurz danach.« Da sei das Licht am schönsten, und die Wolkenformationen wirkten oft skurril. In Vollmondnächten ist der gebürtige Amerikaner besonders gefordert. Er liebt es, wenn der Vollmond um und hinter dem Fernsehturm leuchtet.

Der von Fritz Leonhardt geschaffene Fernsehturm ist Baukunst – und Teil von Natur-Kunst. Ein Besuch dieser Open-Air-Ausstellung lohnt immer. Wer hinter das Geheimnis der Wolken und Lichtbrechungen kommt, kann's sehen: Manchmal hängt der Himmel voller Geigen.

Im nächsten Moment wird daraus schon ein großes Durcheinander. Gerade weil um den Turm herum so viel kommt und geht: Eine Konstante im Leben ist wichtig.

Das ewige Rauf und Runter in dieser fast bis in den Himmel ragenden Touristenattraktion war 2013 jedoch jäh gestoppt worden – von einem Mann, der unten im Kessel hockt. Jetzt, da Gefahren für Leib und Leben der Besucher offiziell gebannt sind, beteuert Oberbürgermeister Fritz Kuhn gern: Eine Marketing-Aktion sei die Schließung des 1956 eröffneten Turms nicht gewesen, obwohl die Besucherrekorde nach der Sanierung Kalkül vermuten ließen. Dass der Grüne wenige Wochen nach seinem Amtsantritt im März 2013 dem Leuchtturm Stuttgarts das Licht ausgeknipst hat, habe wirklich nur am Brandschutz gelegen. Nach dem Umbau im Jahr 2016 erlebte der Turm einen Boom, wie es ihn nur in der Anfangszeit gab.

Wahre Liebe erzeugt Sehnsucht. Wie sehr hatten die Fans des eleganten Giganten darunter gelitten, dass er fast drei Jahre geschlossen war. »Erstarrt, weil unbeleuchtet« – so hat Charles C. Urban den Turm in jener traurigen Phase gesehen. »Qualvoll« spürte er, »da ist kein Leben mehr drin«. Seit das Wahrzeichen neu erwacht ist, kommen täglich bis zu 3.000 zahlende Gäste. Die neuen, strengen Sicherheitsregeln verlangen, dass maximal 320 Menschen gleichzeitig oben sein dürfen – der Rest steht unten Schlange. Inzwischen hat der Ansturm nachgelassen. Die Betreiber lassen sich deshalb PR-Aktionen einfallen wie etwa das Sektfrühstück beim Sonnenaufgang.

Der Turm ist Instagram-Hero, Teil der Popkultur und Nostalgie zugleich. 36 Sekunden braucht der Lift nach oben. Bei Sonne mag die Weitsicht am besten sein, doch auch Nebeltage haben was. Tagsüber scheint die Plattform Familien zu gehören. Abends kommen die Verliebten, kritzeln Herzchen mit ihren Namen an die längst nicht mehr weiße Wand der Plattform. Bis 23.00 Uhr dürfen sie oben bleiben. Dass Peter die Susi liebt, die Bea ihren Tom unbeschreiblich findet, ist an der Außenwand des Turms auf der Aussichtshöhe verewigt – oft auch dann noch, wenn der Peter eine andere hat und Bea ihren Tom auf den Mond schießen will.

Touristen lassen selten die Fahrt zum Fernsehturm aus. Aber auch für uns Einheimische ist es stets aufs Neue ein Erlebnis, von oben auf unsere Stadt zu schauen – auf eine Stadt, die an den Rändern so wunderschön grün ist. Die meisten ausländischen Gäste auf der Plattform sind laut Statistik Franzosen. Stimmt also doch: Franzosen beherrschen die Kunst, das Leben zu genießen. Le savoir-vivre – oben auf unserem Turm spürt man was davon.

Lieber Fernsehturm, du bist das vielleicht schönste Bauwerk der Stadt und stichst so genial hervor. Du bist auf vielen Logos zu sehen, auf Souvenirs, T-Shirts und Tassen, selbst auf Flaschen wie denen von »Ginstr«. Du bist wie ein guter Vertrauter, den wir nicht mehr missen wollen. Du bist Heimat. Es tut schon gut, wenn wir dich nur von Weitem sehen.

Die Stadt der Autos

Wie kam der Kotflügel zu seinem Namen? Sollten Sie, liebe Leserinnen und Leser, in der Sendung »Wer wird Millionär?« sitzen und Günther Jauch Ihnen diese Frage stellen – beim Antworten würden Sie, wenn Sie diese Zeilen gelesen haben, schnell zu Potte kommen. Der Kotflügel könnte auch Kotabweiser heißen, würden Sie wissen, was noch eindeutiger klingt.

Der Begriff stammt aus der Zeit, als Autos selten waren und Pferdekutschen das Stadtbild bestimmten. Was die Pferde fallen ließen, gefiel den gut betuchten Besitzern der ersten Kraftfahrzeuge ganz und gar nicht. Nicht nur, dass sie mit ihrem neuartigen Gefährt auszurutschen drohten – die Räder wirbelten den Pferdemist nach oben und trafen womöglich den Fahrer.

Ein Schutz musste her. So wurde der Kotflügel erfunden. Und es galt, auf weitere Gefahren zu achten. Das Lenkrad befand sich in den Anfängen des Autos auf der rechten Seite, damit rechts sitzende Führer eines pferdelosen Wagens frühzeitig einen Graben am Straßenrand sehen und darauf reagieren konnten.

Wir schreiben das Jahr 1904. Es gab noch keine Führerscheinpflicht, als Heinrich Eichmann in Stuttgart, der Wiege des Automobils recht nahegelegen, an der Alexanderstraße 36 seine »Garage« eröffnete, aus der viele Jahrzehnte später das Autohaus Albrecht-Deffner geworden ist, heute die älteste Kfz-Werkstatt der Stadt.

Viele Jahrzehnte später fanden Historiker heraus: In dem 1898 erbauten Haus zwischen zwei Straßen am Olgaeck, in dem Eichmann seinen Betrieb eröffnete, hatte die Frauenrechtlerin und Sozialistin Clara Zetkin bis 1903 im vierten Stock gewohnt. Der Legende nach war Lenin bei ihr zu Besuch, als Häscher ihn ergreifen wollten. Er soll bei der Flucht in den Innenhof gesprungen sein, in dem noch heute Autos repariert werden. Diese geografische Übereinstimmung steht zwar nicht in Zusammenhang mit Eichmanns Autohaus-Gründung, aber wer weiß, vielleicht sickern solche Geschehnisse in den Boden und geben dem Ort eine gewisse Aura, die bis in spätere Generationen hält?

Der Sohn des Firmengründers Eichmann – auch sein Vorname lautete Heinrich – hatte keine Kinder. Irgendwann wurde das Autohaus verkauft, bekam den neuen Namen Albrecht-Deffner, und seit den 1980ern ist eine Frau die Chefin. Sie ist ein großer Fan von alten, restaurierten Fahrzeugen. Bei Jeannette Scholz gehen die Befreiung der Frau und die Schönheit von Oldtimern Hand in Hand.

Frauen spielten in der Geschichte des Automobils schon immer eine große Rolle. Bertha Benz brach 1888 zur ersten Fernfahrt mit einem Auto auf und holte sich für die 106 Kilometer lange Strecke zwischen Mannheim und Pforzheim den Kraftstoff in Apotheken. Und einem Mädchen namens Mercédès verdankt der Konzern mit dem Stern rund um den Globus seinen erfolgreichen Markennamen. Ursprünglich verkaufte die 1890 gegründete Daimler-Motoren-Gesellschaft ihre Fahrzeuge nicht unter diesem Namen. Zur Jahrhundertwende nahm der Autohändler Emil Jellinek an der Rennwoche in Nizza teil. Seinem Daimler-Fahrzeug gab er den Namen seiner Tochter Mercédès Jellinek. Der für die Marke bekannte Mercedes-Stern wurde 1909 als Warenzeichen eingetragen – seit 1910 ist er das Kühlersymbol.

In der Geschichte des Automobils steht immer wieder Stuttgart an der Spitze. Die erste Autodroschke erregte 1897 Aufsehen, als sich der Mechaniker Friedrich Greiner damit vor dem Stuttgarter Hauptbahnhof – damals noch an der Schlossstraße, der heutigen Bolzstraße – zwischen den Kutschern aufstellte. Es handelte sich dabei um eine umgebaute Pferdedroschke. »Mit verhältnismäßig schwachem Motor fuhr der Wagen durch die Stadt«, schreibt der »Schwäbische Merkur« 1931 in einem Artikel zu den Anfängen des Automobils. Und weiter ist zu lesen: »Töf, töf‹ riefen die Buben hinterher. Nur auf der Landstraße konnte ein beschleunigtes Tempo angeschlagen werden, das hieß damals etwa 40 Kilometer in der Stunde.«

Im damals noch selbstständigen Cannstatt bei Stuttgart hatten die Ingenieure Gottlieb Daimler und Wilhelm Maybach die geniale Idee für eine vierrädrige Benzinkutsche – doch Carl Benz hatte sein Patent früher angemeldet, weshalb der Tüftler aus Baden als Erfinder des Automobils in den Geschichtsbüchern steht. Daimler war ein Tausendsassa. Der noch mehr erfunden hat: 1885 konstruierte er das erste Motorrad mit Benzinmotor – und im selben Jahr das erste Motorboot der Welt.

Das geniale schwäbische Ingenieursduo Daimler und Maybach hatte 1882 in einer kleinen Versuchswerkstatt nahe dem Cannstatter Kurpark mit dem Tüfteln begonnen, von misstrauischen Nachbarn der Herstellung von Falschmünzen verdächtigt. Tag und Nacht, so erzählt man sich, haben die beiden Männer an einem leichten Einzylinder-Viertaktmotor gearbeitet. Daimlers Sohn Paul durfte als Versuchsfahrer ins Gefährt steigen und jubelte: »Der Wagen lief gut und machte schon 18 Stundenkilometer.«

Nur wenige konnten sich Anfang des vergangenen Jahrhunderts ein Auto leisten. Heinrich Eichmann holte deshalb einen nicht so teuren Wagen für das Volk aus Tschechien in die Stadt. 1923 übernahm der Werkstatt-Pionier, zu dessen Kunden der König von Württemberg gehörte, die Tatra-Vertretung. Ein T 11 kostete damals 4.900 Reichsmark.

Über seine Fahrt in einem Tatra 4 von Berlin nach Stuttgart schrieb er: »Auf der etwa 700 Kilometer langen Fahrt, welche ich in anderthalb Tagen zurücklegte, schwanden die noch im Geheimen gehegten Zweifel über das einwandfreie Arbeiten der Gebläse-Luftkühlung bei stundenlanger ausdauernder Leistung.« Den Platzhirschen von Mercedes gefiel die Billigkonkurrenz der tschechischen Automarke gar nicht – sie machten Eichmann das Leben schwer.

Ob Tatra oder Mercedes – bei Überlandfahrten hatten alle Autofahrer dasselbe Problem. Außerhalb der Stadt gab es immer noch mehr Pferdekutschen als Autos. Die Kraftfahrer, so schrieb der »Schwäbische Merkur«, würden nur wenig Rücksicht »auf scheuende Pferde« nehmen, die das »moderne

Ungetüm« noch nicht kannten. Die Kutschenfahrer hofften bestimmt, der Mist ihrer Pferde würde nicht immer von Kotflügeln abgehalten …

Wer mehr von der automobilen Geschichte erfahren will, sollte in Stuttgart das Porsche- und das Mercedes-Benz-Museum besuchen. In dem 2009 eröffnen Bau des Wiener Architektur-Büros Delugan Meissl werden bei Porsche in Zuffenhausen Eifersüchteleien nicht zugelassen. Jedes Auto des historischen Fuhrparks darf für sich glänzen. Und doch nehmen die Rennwagen mit der Typenbezeichnung 917 eine exponierte Stellung ein – wohl auch aus Ehrfurcht vor dem stärksten Typen der Porsche-Geschichte. In Le Mans feierte der 917 Triumphe – auch 1970 im Filmklassiker mit Steve McQueen.

Selbst in Stuttgart wachsen die Autos noch nicht auf den Bäumen. Aber vor dem Porsche-Stammsitz ragen drei Varianten des Sportwagens 911 etwa 24 Meter in den Himmel, als Kunstwerke an Stahlträgern befestigt. Wenn irgendwo in der Welt das Wort Porsche fällt, ist mit sehnsuchtsvollen Blicken zu rechnen. Der Name der Marke steht für das Nonplusultra der Sportwagen – und wer die Anfänge der einzigartigen Erfolgsspur sucht, landet mitten in Baden-Württemberg, im Zentrum des automobilen Universums. Das Flaggschiff von Porsche, aber auch ihr Herz, war und ist der 911er – seit 1963 schon. Mit dem Taycan, seit September

2019 auf dem Markt, hat eine neue Ära der Mobilität begonnen. Für den vollelektrischen Wagen hat Porsche viele neue Arbeitsplätze geschaffen. Mit einer Leistung von 600 PS ist der Neue emissionsfrei, aber nicht emotionslos. Einen Fake-Sound gibt's für den Taycan nicht.

Bereits 2006 ist das Mercedes-Benz-Museum in Cannstatt eröffnet worden. Allein schon der futuristische Neubau an der Bundesstraße 14 zieht alle Blicke auf sich. Mit einem »glänzenden Doppel-Whopper aus Glas und Aluminium« ist das Museum verglichen worden, das Autogeschichte auf spannende Weise zelebriert, und zwar über neun Geschosse und etwa 17.000 Quadratmeter Ausstellungsfläche verteilt. Vom ersten Auto der Welt, also dem Benz-Patent-Motorwagen Nummer 1, über die legendären Silberpfeile bis zur Gegenwart der Marke Mercedes-Benz – alles lässt sich hier bewundern. Zu sehen sind unter anderem Konrad Adenauers letztes Dienstfahrzeug sowie die Wagen der Kaiser Wilhelm II. und Hiroshito (Japan).

»Baden-Württemberg ist ein Autoland!« Dieser Ausruf ist in Reden von Politikern und Wirtschaftsbossen oft zu hören, auch wenn Dieselskandal, Feinstaub und Stickoxidbelastung den Stolz ein bisschen geschmälert haben und es immer stärkeren Gegenwind gibt. Etwa eine Million Autos werden jedes Jahr im Südwesten gebaut. Das Auto ist – dank Mercedes, Bosch und Porsche – in diesem Land alles: Arbeit, Wohlstand, Selbstbewusstsein – und mittlerweile ein Streitfall.

Im Autoland Baden-Württemberg kann man sich nicht auf den Lorbeeren ausruhen. Die hiesigen Tüftler müssen alles geben, um wie die Ahnen erneut Revolutionäres zu schaffen. Mit umwelt- und klimaverträglichen Technologien könnte es gelingen, dass die Branche nicht die Zukunft verspielt. Ein Kotflügel zum Auffangen des Schmutzes reicht nicht mehr. Es darf auch kein Schmutz mehr aus dem Auto kommen.

»In der allergrößten Not schmeckt Eszet auch ohne Brot.« Aus den 1970er-Jahren stammt dieser Werbespruch, als noch hauchdünne Schokoscheiben die Stars auf den Schulhöfen waren, als die Italiener erst langsam damit begannen, mit ihrem Ferrero-Brotaufstrich unter dem Namen »Nutella« die Lufthoheit über den deutschen Frühstückstischen zu gewinnen.

Eszet? Um den Buchstaben »ß« geht es nicht. Dieses Eszet ist die Abkürzung der ausgeschriebenen Anfangsbuchstaben der Zuckerbäcker Staengel und Ziller. 1857 hatten sie mit einer Konditorei im Furtbachweg in Stuttgart den Grundstein gelegt für eine später in Untertürkheim rasant expandierende Süßwarenfirma, deren Hit Schokoladentäfelchen fürs Pausenbrot waren – ihre Erfindung von 1933.

Schon in den Anfangszeiten legte Eszet Wert auf ungewöhnliche Werbung. Einer der ersten Slogans lautete: »Einst hat man am Karibischen Meer für 100 Kakaobohnen eine schöne Frau bekommen.« Die Kaufkraft von Schoko-Rohstoff dürfte sich inzwischen geändert haben.

In den 1960ern war Eszet im Stadtbild von Stuttgart allgegenwärtig. Der Schriftzug prangte etwa dreifach groß auf dem Dach des Marquardtbaus beim Schlossplatz sowie auf dem Cannstatter Wilhelmsplatz. Schokolade macht, wie die Wissenschaft belegt, glücklich. Stuttgart hat also viel Glück gehabt. Etliche berühmte Marken haben Verbindung zur Stadt.

Auf Stuttgarts Stadtwappen hätten zum Rössle auch Schokoladentafeln gepasst. Ende des 19. Jahrhunderts traten die Köstlichkeiten aus Kakao und Zucker bei den Schwaben ihren Siegeszug an. Die Liste der einst erfolgreichen Schoko-Marken, die es heute allesamt nicht mehr in Stuttgart gibt, ist lang: Waldbaur, Haller, Ritter (heute quadratisch-praktisch in Waldenbuch), Friedel, Moser-Roth, Schoko-Buck, Luwa und Schoko-Schwaben – sie allen trugen dazu bei, dass Stuttgart neben Hamburg, Köln und Dresden zu einem bedeutenden Schokoladenzentrum geworden ist. In diesen Großstädten lebte das wohlhabende Bürgertum, das sich die für die damaligen Verhältnisse teuren Tafeln und Pralinen leisten konnte. Selbst Schweizer Firmen wie Tobler siedelten sich in Stuttgart an. Am Ostenendplatz, so erzählen sich die Älteren noch heute, konnte man, je nach Wetterlage, Tobler deutlich riechen, das bis 1985 in der Ostenendstraße produzierte. In Untertürkheim war dieser süße Duft noch viel intensiver. Während des Krieges standen die Kinder oft auf dem Eszet-Steg, hielten die Nasen in die Luft, um den Schoko-Geruch zu schnuppern.

In einem Hinterhaus an der Moltkestraße in Bad Cannstatt hatte Alfred Ritter 1912 seine Schokoladen- und Zuckerwarenfabrik gegründet, mit der er 1930 nach Waldbuch zog – das erste Werk war zu klein geworden. Seine Frau Clara Ritter war 1932 auf die Idee gekommen, eine leichte und quadratische Schokolade zu produzieren, die in jede Sporttasche passen sollte.

Bis auf Ritter haben es alle Stuttgarter Schokofirmen irgendwann nicht mehr aus eigener Kraft geschafft. Bei den steigenden Rohstoffpreisen und dem Fusionsstreben der Großen hatten sie keine Chance. Eszet ging 1975 an Stollwerck in Köln über. 1976 folgte auch Waldbaur unter dieses Dach. Der Stuttgarter Standort galt nicht mehr als rentabel. Zu den bekanntesten Produkten von Waldbaur am Feuersee zählten die Katzenzungen in Dosen und Schachteln. Auf dem Dach der Firma befanden sich riesige Tanks, in denen das Kakaopulver gespeichert wurde.

Die letzte Eszet-Chefin hieß Elisabeth Staengel. Bis 1975 wurde sie täglich von ihrem Chauffeur im MB 300 in die Fabrik gefahren, wo sie ein strenges Regiment führte. Leider ohne geschäftlichen Erfolg. Längst hat Stuttgart seine Schokoladenseiten verloren.

Eine Schnapsidee geht um die Welt

Alles fing damit an, dass zwei Kumpels nachts durch Stuttgarter Bars zogen. Markus Escher, ein Winzersohn, und Alexander »Sandy« Franke, ein Radiomoderator, tranken einen Gin Tonic nach dem anderen, besprachen die Welt, lachten und träumten. »Wir hatten Lust, nur für uns und unsere Freunde mal selbst einen Gin zu machen«, erzählt Sandy, der 1984 geboren und damit sieben Jahre älter ist als der Kollege. Aus der Idee wurde ein modernes Märchen.

Mehrfach preisgekrönt ist ihre »Hommage an die Heimat Stuttgart«, wie die Start-up-Gründer den Inhalt ihrer kompakten Apothekerflaschen beschreiben. Ihre Marke mit vielschichtiger Zitrusnote und alkoholischer Milde wurde gar zum weltbesten Gin für Gin Tonic gekürt und ist gerade dabei, den asiatischen Markt zu erobern.

Am Ende ergibt alles einen Gin!

Auch wenn Chinesen »Ginstr« lieben, wird er künftig nicht an einem zweiten Standort in Asien hergestellt, sondern entsteht weiterhin unweit des Stuttgarter Wahrzeichens, dessen goldfarbene Turmsilhouette das Etikett schmückt. Sind die Brennkupferkessel im elterlichen Weingut Escher in Schwaikheim, wo jede einzelne Nummer mit Hand auf die Flasche geschrieben wird, eine Gelddruckmaschine?

Im Handballkader des TVB 1898 Stuttgart gibt's einige, die versuchen, die Sache mal durchzurechnen. Im Remstal haben sie mitgeholfen, eigene TVB-Gin-Flaschen abzufüllen und zu verkorken. Dies durfte davor nur der VfB Stuttgart. Wo die Fußballer danach gelandet sind, ist hart genug, sodass wir nicht in Wunden stochern mögen. Jedenfalls haben nun echte Erstligisten vom TVB eine eigene »Ginstr-Edition«, die wie immer aus exakt 711 (Vorwahl-Stolz!) Flaschen besteht.

Nur sich selbst abfüllen ist nicht. Das Team macht beim Flaschenabfüllen mit. Erst zeigt Markus Escher allen Opas Brennkessel, der Otto heißt (der verstorbene Opa und der Kessel), und mit dem die Erfolgsgeschichte begann. Inzwischen hat er mit Sandy einen zweiten, exakt gleichen Kupferkessel (ebenfalls mit vier Destillationsstufen) für über 60.000 Euro gekauft, um den Umsatz hochzufahren. Werktags von 6.00 bis 15.00 Uhr wird produziert, vor Weihnachten auch noch darüber hinaus. Zehn Festangestellte gehören mittlerweile zum »Ginstr-Team« sowie etliche Teilzeitkräfte.

Die Handballer fangen an zu rechnen. Werden Ginverkäufer schneller reich als Profisportler? So aufwendig ist die Herstellung: Über 40 Botanicals, pflanzliche Beigaben, die dem Gin Geschmack verleihen, müssen erst mal tagelang in 120-Liter-Fässern mit Neutralalkohol ruhen, um aufzuweichen.

Die Menge, die daraus entsteht (im Schnitt sind's 2.800 Flaschen pro Woche, die im Laden zwischen 30 und 40 Euro kosten), ist so gering, dass Dagobert Duck über die Erlöse womöglich lachen würde. »Hinzu kommt die Brandsteuer«, sagt Escher. Lange Rede kurzer Gin: Gin-Enthusiast muss man sein, wenn man seine eigene Marke ohne industrielle Produktion auf den Markt bringt.

Immerhin haben es die Ginbrenner bis in die »New York Times« gebracht. Die ersten Zeitungen, die bei einer Blindverkostung »Ginstr« auf Platz eins setzten, waren übrigens die »Stuttgarter Nachrichten« und die »Stuttgarter Zeitung« im Jahr 2017, wie »Sandy« Franke, der das Logo seiner Marke auf den Unterarm tätowiert hat, den Handballern verrät. Die heimischen Tester hatten den richtigen Riecher.

Wenn er die Ingredienzen zeigt, strahlt Markus Escher, der mit seiner Freundin wenige Schritte vom Brennkessel entfernt wohnt. Das muss Liebe sein! Von den Granatapfelkernen, die in den Gin kommen, lässt er probieren. Zwei Jahre haben er und »Sandy« an der Rezeptur getüftelt. Unter anderem sind drin: Zitrusfrüchte, Rosmarin, Kardamom, Koriander, Süßholz, Orangenblüten – und, na klar, Wacholderbeeren. Nach der Vierfachdestillation wird das Alkoholvolumen mit gefiltertem Bodensee-Wasser sowie Cannstatter Mineralwasser bei 44 Prozent eingestellt.

Heimat kann so erfrischend leicht und mit Tonic angenehm bitter schmecken. Stuttgart ist führend beim noch nicht abebbenden Trend, erste Liga halt! Wunderbar, wenn man immer was Gutes im Gin hat.

Wo Kindheitserinnerungen wach werden

Sie ist eines der beliebtesten Ausflugsziele in Baden-Württemberg, entstanden anno dazumal als privates Refugium eines Königs: die Wilhelma. Die Kombination aus Zoo, botanischem Garten und historischem Park macht die Attraktion in Stuttgarts stolzem Stadtteil Bad Cannstatt weltweit einmalig. Mit 10.000 Tieren und etwa 1.000 Arten ist die Anlage unweit des Neckars zum zweitgrößten Zoo in Deutschland geworden. Vom Menschenaffenhaus über das Insektarium und das Amazonienhaus bis zum Aquarium gibt es sehr viel, woran sich Besucherinnen und Besucher quer durch die Generationen erfreuen. Bei Eltern werden Kindheitserinnerungen wach, wenn sie mit ihren Sprösslingen durch einen »Park zum Verlieben« spazieren, wie es in der Werbung heißt.

Je mehr der Tierschutz ein Thema in der Öffentlichkeit wird, desto heftiger wird über den Sinn und Unsinn eines Zoos diskutiert. Exotische Tiere in Gehegen werden gegen Geld zur Schau gestellt, sagen die Kritiker. Zoobetreiber halten dagegen: Ihre Tiere würden nicht in Gefangenschaft leben. Das Gehege sei ihr Territorium, in dem sie sich geborgen fühlten. Weiß man, wie's wirklich ist? Die Tiere können nichts dazu sagen.

Die vielen Freunde der Wilhelma verweisen darauf, dass nicht wenige Tiere »in Freiheit« ausgerottet werden, etwa in Afrika für das »weiße Gold« Elfenbein. Da sei es doch gut, wenn man bestimmte Spezies erhalten könne. Die Zoos züchten etwa 150 Arten koordiniert – in der Hoffnung, eine gesunde Population irgendwann auswildern zu können. Aber auch mit dem Wunsch, das zahlende Publikum mit süßen Tierbabys anzulocken.

Über derlei Angelegenheiten hat sich König Wilhelm I. garantiert nicht den Kopf zerbrochen, als er 1829 den Grundstein zur Wilhelma legte. Der Württemberger Regent wünschte sich eine Anlage im Maurischen Stil als heiteres, exotisches und festliches Refugium – nur für einen ausgewählten Personenkreis. Zur Hochzeit seines Sohnes Karl mit der Zarentochter Olga wurde das Kleinod eröffnet.

Nach dem Zweiten Weltkrieg ist die zerstörte Schlossanlage zu einem zoologisch-botanischen Garten für alle ausgebaut worden. Mit List und Raffinesse hat dies der damalige Wilhelma-Direktor Albert Schöchle geschafft.

Die Tiere seien ihm näher als die Menschen gewesen, hat man über ihn gesagt. Doch ein Menschenfreund war er auch. Schöchle wusste, wie wichtig Tiere für uns Menschen sind. Wir können so viel von ihnen lernen. Ein Zitat, noch heute ein geflügeltes Wort in der Wilhelma, ist von dem 1998 verstorbenen Direktor überliefert. Bei einer Feier – der Anlass ist nicht mehr bekannt – habe der Zoogründer genug von den Lobesreden gehabt und deshalb mit einem Satz alle hoch erfreut: »Der Worte sind genug gewechselt, nun lasst uns endlich Braten sehen.« Würden sich Affen, wenn sie sich treffen, mit langen Reden aufhalten? Gut, sie würden ein wenig grunzen, doch dann rasch nach den Bananen greifen.

Albert Schöchle selbst nannte sich ein »Schlitzohr«. So heißen seine Memoiren, die 1981 erschienen sind. Darin schildert er, wie er Stuttgart zu einem Zoo verhalf. Mit einer Aquarienausstellung fing 1949 alles an. Immer neue Sonderschauen organisierte der Wilhelma-Chef und kaufte danach die ausgestellten lebenden Exponate für die Wilhelma. Die Tiere blieben einfach da, so etwa die Pinguine 1952. Die Rüge des Rechnungshofs nahm der Direktor in Kauf.

Wichtige Herren in den Ministerien fanden's gar nicht lustig. »Die wilden Tiere haben aus der Wilhelma zu verschwinden«, teilte man Schöchle mit. Der griff zu einer weiteren List. Eine der Löwendamen hatte Nachwuchs bekommen. Der Zoo-Chef lud den neuen Finanzminister zur Löwentaufe ein. Offensichtlich wusste dieser nicht, was in seinem Ministerium diskutiert wurde, dass man dort nämlich die Wilhelma, inzwischen ein Halbzoo, zum reinen botanischen Garten zurückführen wollte. Beim Anblick der putzigen Löwenbabys wünschte sich der Minister öffentlichkeitswirksam, »dass diese Löwenkinder die Stamm-Mütter eines kräftigen Löwengeschlechts in der Wilhelma sein werden«. So ist es gekommen. Immer mehr wilde Tiere landeten in Cannstatt. Manchmal auch auf kuriose Weise.

Mit einem Mitarbeiter fuhr Schöchle in den 1950ern nach Karlsruhe, um persönlich beim dortigen Naturkundemuseum ein Krokodil namens Fritz abzuholen, wie in seinen Memoiren nachzulesen ist. Für den Transport banden die beiden Fritz das Maul zu und stülpten ihm einen Sack über den Kopf. Auf der Autobahn gelang es Fritz, sich zu befreien. Ein entfesseltes Krokodil machte sich auf der Rückbank bemerkbar. Schöchle kurbelte die Scheiben des Autos runter. Draußen war es unter null Grad. Gleichzeitig schaltete er die Autoheizung aus. Die Bewegungen des Kaltblüters, notierte der Wilhelma-Vater in seinem Buch, seien immer langsamer geworden. So landete Fritz, bevor er seine Fahrer auffressen konnte, ungefüttert und etwas hungrig in der Wilhelma.

STADTORIGINALE

Kommissar Bienzle

Ein kleines, fast unscheinbares Metallschild ist an den wuchtigen Stamm einer Linde genagelt. Lediglich drei schnörkellose Zeilen sind zu lesen, die zu einem Schauspieler passen, der selbst in den Jahren seines größten Fernseherfolgs bescheiden geblieben ist. »Werner Steck«, so lautet die erste Zeile. »1936–2016« steht darunter. Und die dritte Zeile erinnert an die Figur, die ihn unsterblich macht: »Kommissar Bienzle«.

Der »Bienzle« ruht mit dem Steck am Fuß eines Baumes auf dem Ostfilderfriedhof zwischen Sillenbuch und Heumaden. Sie sind eins, da sie – Asche zu Asche – in der gemeinsamen Urne 80 Zentimeter tief zwischen den Wurzeln einer Linde angekommen sind. Den Dietz, den zusätzlichen Vornamen, zu dem ihm seine Lehrerin Lilly Ackermann Ende der 1950er Jahre auf der Schauspielschule geraten hat, um unverwechselbar zu werden, braucht der Steck nicht mehr. Von 1992 bis 2007 war er der »Bienzle« im Stuttgarter »Tatort«. An Silvester 2016 verstarb er.

»Time to say Goodbye« spielte einige Tage später ein Saxofonist beim letzten Geleit in jenem Friedhof, in dem sich auch das Grab des Stuttgarter Ehrenbürgers Manfred Rommel und das des Stuttgarter Fotografen Conny Winter befinden. Die Trauergäste folgten dem Wunsch des bodenständigen Publikumslieblings, den die Medien den »schwäbischen Colombo« nannten – keiner trug schwarze Kleidung.

Ein zufriedenes, ja glückliches Leben hat Dietz-Werner Steck geführt. Ein Leben, das bis heute ausstrahlt. Da sollte kein dunkler Schatten am Ende bleiben, den schwarz gekleidete Menschen werfen. Immer noch strahlt die Sonne auf Bienzles Baum, als freue sich der Himmel über ihn da oben.

Bei seinem Begräbnis hatten die beiden Stuttgarter Tageszeitungen – anders als ein Boulevardblatt – die Bitte der Witwe Hanna Steck respektiert und keinen Fotografen zur Trauerfeier am Baumgrab geschickt. Deshalb schaute ich erst ein Jahr später bei dem Schauspieler vorbei, den ich gut gekannt habe. Sein Humor, seine Gelassenheit und sein Stolz auf das Schwäbische gefielen mir immer sehr.

Hanna Steck hielt an Silvester 2016 in einem Pflegeheim die Hand des geliebten Partners bis zum letzten Atemzug. Die beiden verband eine große Liebe, die man auch nach vielen Jahren spürte. Zwei Seelenverwandte hatten viel Glück und gemeinsam schöne Dinge erlebt. Solche Erinnerungen können stark machen. Sie lassen einen besser ertragen, was man am Ende durchleiden muss. Denn alles hat einen Anfang. Und alles hat ein Ende.

»Gestatten: Bienzle, Pensionär«, so heißt das letzte Buch von Felix Huby über seinen Fernsehkommissar, das erschienen ist, als Steck schwer krank war. Die mit 94 Jahren verstorbene Literaturnobelpreisträgerin Doris Lessing, so lässt Huby darin seinen Bienzle sagen, hat das hohe Alter beeindruckend beschrieben: »Das Schlimmste ist, dass die Kräfte nachlassen, ohne dass man etwas ändern kann. Das Schöne ist, dass man langsam davonschwebt und der Welt mehr und mehr zusieht wie einer großen Komödie.«

Bienzle und der Steck sind davongeschwebt. Die Welt, die sie verlassen haben, ist leider nicht immer so lustig wie in einer Komödie. Zeitlebens haben der Schauspieler und seine Figur nicht abgehoben. Das kleine Metallschild an der Friedhofslinde bei Sillenbuch erinnert daran. Ein Baum, fest mit der Erde verbunden, gesund gewachsen wie diese Linde, strahlt ewiges Leben aus. Danke, Werner Steck, Sie sind nicht vergessen!

Der Bengel mit dem Lockenkopf

Schwarze Kleidung, weiße Sneakers, ein Lächeln unterm Lockenkopf – das Äußere ist bei ihm Teil seiner Marke. Optisch überrascht Tim Bengel nicht so sehr, mit seiner Performance aber umso mehr. Mit Youtube-Filmen hat der »Popstar der jungen Kunst«, wie man ihn nennt, weltweit über 250 Millionen Klicks geholt. Die spektakuläre Enthüllung, wenn er ein mit Sand überhäuftes Werk abschüttelt und es dann völlig anders aussieht, ist Teil seiner »Kunschd«, wie er gern auf Schwäbisch schwätzt. Tim Bengel arbeitet mit einer klebrigen Unterfläche, auf die er mit dem Skalpell Sandkörner und Gold positioniert. Mit über einer halben Million Facebook- und Instagram-Followern gilt das »Sand Art Wunderkind« (so nennt ihn www.artnet.com) als einer der weltweit bekanntesten deutschen Künstler seiner Generation.

Sammler kaufen seine Werke als Geldanlage und zahlen bis zu 150.000 Euro für einen echten Bengel. »Nach der ersten Million, die ein Bild von dir erzielt, gibst du ’ne Runde aus«, sagte mal einer seiner Kumpels zu ihm. Tim lächelte nur milde. »Ach, ums Geld geht’s doch gar nicht«, erwiderte er. »Es geht um die Challenge.«

Ausgestellt hat der 1991 in Ostfildern bei Stuttgart geborene Künstler in New York, Dubai, Kuala

Lumpur, Paris und Singapur – aber auch in Esslingen, wo er die heimische Bank gerockt und als »Goldjunge« für einen riesigen Andrang gesorgt hat. Früh hat er erkannt, dass Kunst nicht durch Kopieren und Nachmachen entsteht, sondern durch das Schaffen von Neuem. Mit der »Plattform 11«, einem Kollektiv junger Künstlerinnen und Künstler, sorgt er dafür, dass Stuttgart auf der Landkarte der zeitgenössischen Kunst sichtbar wird. Ausgestellt hat die »Plattform 11« (die Elf stammt von der Stuttgart-Vorwahl 0711) unter anderem im renommierten Auktionshaus Nagel.

Das 1922 gegründete Auktionshaus mit Hauptsitz an der Neckarstraße in Stuttgart gehört zu den führenden Adressen für asiatische Kunst in Europa. Vor nicht allzu langer Zeit gab's einen Rekord in der Firmengeschichte. Für eine chinesische Vase aus dem 18. Jahrhundert hat das Unternehmen in Innsbruck 7,3 Millionen Euro erzielt – der Schätzwert lag bei 50.000 Euro. Der Hinweis, das kostbare Stück mit Drachen- und Blumenmotiven sei mal im kaiserlichen Besitz gewesen, versetzte chinesische Sammler in Schnappatmung. Das Bieterduell endete spektakulär.

Was auf dem Kunstmarkt möglich ist, weiß man bei Nagel zu gut. Die Preise schießen ins Fantastische. Kunst gilt als Statussymbol – und bringt Rendite. Tricks und Ideen steigern den Marktwert, Können und Qualität allein nicht immer. Die Schau der »Plattform 11« bei Nagel, die vor allem junge Menschen in Massen anlockte, war ein Lehrstück, um die Mechanismen des Markts zu verstehen. Grundregel Nummer eins: Kunst ist so viel wert, wie dafür bezahlt wird.

Bengel weiß, wie man die sozialen Medien nutzt. Sponsoren gefällt das. Einer seiner Freunde im Künstlerkollektiv ist Georg Barinov, der als Unfallchirurg im Marienhospital arbeitet. Mit sechs Jahren zog er mit seiner Mutter aus St. Petersburg nach Stuttgart. In seinen Arbeiten vermischen sich russische Propaganda und US-Pop-Art auf ironische, freche Art. Die Micky Maus steht für den Westen. Bei Barinov ist sie goldfarben und geht über Mausefallen. Will uns das Werk sagen, dass die angebliche Freiheit des Kapitalismus bedroht ist und die Falle irgendwann zuschnappt? Oder meint der Künstler was ganz anderes? Wer glaubt, Kunst gibt nur eine Richtung vor, unterschätzt sie. Die jungen Stuttgarter Künstlerinnen und Künstler machen Spaß – auch allen, die von Kunst nichts oder noch nichts verstehen.

Bei Tim Bengel geht es aber nicht nur um Spaß. So beschäftigt sich eines seiner besonderen Werke mit Vergänglichkeit. Was sollte mal auf unserem Grabstein stehen? Wenn sich ein junger Mann wie Tim Bengel Gedanken darüber macht, geht es ihm nicht um das Sterben, sondern um das Leben – um das, was wirklich zählt. Mit einer spektakulären Installation hat er im Sommer 2019 in Berlin für Aufsehen gesorgt. In einer Nacht- und Nebelaktion – nur der Gartenbesitzer wusste Bescheid – brachte der Schwabe in Berlin-Mitte zwischen dem Factory-Gelände und der früheren Todeszone der Mauer mit zwölf Freunden insgesamt 100 Grabsteine, 10.000 Heidekraut-Blumen und fünf Tonnen weißen Kies ins Erdreich ein. Alles zusammen bildete einen riesigen Totenkopf auf 150 Quadratmetern. Der Garten gehört einem Freund von ihm. Die Künstler waren etwa 13 Stunden beschäftigt. Bei den 100 Grabsteinen handelte sich um Marmor, der mit Gold graviert ist.

Wie der Künstler Banksy hatte der Stuttgarter das Werk unangekündigt in der Öffentlichkeit hinterlassen und nicht signiert. »Ich wollte, dass die Leute erst mal schauen, rätseln und sich Gedanken machen«, sagte er. Für seine Installation mit dem Titel »Gräber unserer Generation« hatte der junge Mann immer wieder eine Drohne steigen lassen, um überprüfen zu können, ob der Totenkopf perfekt geformt ist.

Auf den Grabsteinen standen Sprüche wie »I thought one day I would be happy« (»Ich dachte, eines Tages wäre ich glücklich«), »Why did('nt) I live?« (»Warum habe ich (nicht) gelebt?«) und »I decided to be unhappy« (»Ich habe mich entschieden, unglücklich zu sein«). Damit wollte der Künstler dazu anregen, sich mit der Vergänglichkeit auseinanderzusetzen. »Wenn man die Postings in den sozialen Medien anschaut«, sagt er, »stößt man oft auf Oberflächlichkeiten.« Man ärgere sich etwa, dass Beiträge von anderen Usern mehr Likes erhielten als die eigenen. Bengel ruft dazu auf, die Zeit sinnvoll zu nutzen. Er ernährt sich vegan, setzt sich für Tierschutz ein und für den Kampf gegen den Klimawandel.

Von einem Tag auf den anderen kann alles vorbei sein. Keiner weiß, wie viel Zeit einem geschenkt ist, bis man zurücklassen muss, was einem wichtig war, was einen glücklich gemacht hat. So sehr stecken die meisten im Alltag und in der Gewohnheit fest, dass sie ihre Wünsche aus den Augen verlieren. Die Botschaft von Tim Bengel könnte lauten: Die Zeit vorm Tod heißt Leben! Macht was draus!

Der Menschenfischer

Als er 30 geworden ist, sagt Bernd Heidelbauer, hat er sich viel schlechter gefühlt als heute, da er über 70 ist. Der Wirt, der Generationen von Stuttgartern in »Bernds Lädle« Kaffee und Ratschläge fürs Leben serviert hat, ist mit sich im Reinen, will in der Kultur noch was bewegen und muss sich nichts mehr beweisen.

Nicht mehr Geld und Ruhm sind's, die ihn antreiben. Freundschaften bedeuten für ihn Reichtum. Als »Menschenfischer« sieht er sich. Zeitlebens hat er als »Gastrosoph« versucht, Brücken zu bauen und unterschiedliche Charaktere zusammenzubringen.

Ein Leben der Gegensätze: 30 Jahre fuhr der Bernd, der alle duzt, einen Rolls-Royce. Seit über zehn Jahren ist er mit dem Seniorenticket von VVS und der SSB unterwegs. Stuttgarts Ehrenbürger Manfred Rommel nannte den stets dunkel Gekleideten mit dem nun weißen Rauschebart und dem reichlichen Schmuckbehang, der 2004 als Oberbürgermeister-Kandidat angetreten ist, »Kosakenhauptmann«. In Benningen am Neckar ist Heidelbauer aufgewachsen. Seine Mutter betrieb einen Tante-Emma-Laden, sein Vater war Malermeister. »In diesem familiären Umfeld habe ich Grundkenntnisse der Mensch-, Genuss-, und Lebensmittel erworben», sagt er. Der Bub ging in die höhere Schule nach Marbach. Die Haare lang, die Ambitionen groß. Das gab Stunk. Mit 17 Jahren zog er nach Stuttgart. Für ihn war diese Stadt »das Tor zur Welt mit seiner Offenheit, Buntheit, Andersartigkeit«.

Sein Lehrherr Fritz Böhm drückte ihm fünf Mark in die Hand, damit er zum Friseur ginge. 20 Jahre später, als Heidelbauer von Begum Aga Khan seinen Rolls Royce gekauft hatte, fuhr er beim Böhm vor, um zu zeigen, was der langhaarige Lehrbub geschafft hat.

In Stuttgart schloss er als Leiter der Käseabteilung ab und heuerte bei Feinkost Käfer in München an. Dort zog er mit der inzwischen verstorbenen Christine Kaufmann um die Häuser und wohnte mit Christine McVie von »Fleetwood Mac« in einer WG. Beim Rückblick erinnert er sich an einen »intensiven Umgang mit ungewöhnlichen Menschen«, von dem er bis heute profitiere.

1979 ging's über Berlin in die Heimat zurück. An der Charlottenstraße eröffnete er »Bernds Lädle«, das zum ersten Frühstückscafé in Stuttgart wurde. Da saßen die Menschen im Schaufenster, nicht mehr im Verborgenen hinter Butzenscheiben. Der Laden brummte von morgens um 6.00 Uhr an. Sogar Mick Jagger war mal da, der gescheiterte Oberbürgermeister-Kandidat Sebastian Turner bat um eine Anzeige in der Schülerzeitung und der damalige Schauspielschüler Ulrich Tukur half hinterm Tresen mit.

1988 wollte Bernd als Wirt New York erobern. Man nannte ihn den »König von Württemberg«. Doch der Manager der Basketballtruppe Harlem Globetrotters zockte ihn ab und vermietete ihm ein Lokal, das einem anderen gehörte. Eine Million Mark verbrannte der Schwabe. Nach einem Jahr kehrte er zurück und wusste, »dass ich hierhergehöre«. Nun hält er in Stuttgart Hof und will noch möglichst lange nach Menschen fischen. Nur mit Mitläufern bleibt eine Stadt blass – Originale sind's, die eine Stadt kunterbunt voranbringen.

Vom Pausenfüller zum schwäbischen Kulturgut

»Schofseggl« – für einen Schwaben ist dies ein Mensch, der »nemme ganz bacha« ist, also nicht mehr alle Tassen im Schrank hat. Unter den Politikern in Berlin, dies wird zuweilen im Land der unbeugsamen Schwaben vermutet, gibt's viele Schofseggl.

Jahrelang sind die Fans der Schwabenstars »Äffle und Pferdle« an Schofseggln schiergar verzweifelt. Sie hatten sich nämlich in den Kopf gesetzt, dass es – nach den Vorbildern der Mainzelmännchen und anderen Publikumslieblingen – in Stuttgart Fußgängerampeln mit den beiden Trickfilmfiguren geben sollte, die so sehr den Hafer und die Bananen lieben. Doch die Verantwortlichen, ob im Bundesverkehrsministerium der Hauptstadt oder im Ordnungsamt der Stadt, haben dieses Ansinnen mit dem erhobenen Paragrafen-Zeigefinger abgeschmettert.

Bei diesem Streit war es längst nicht nur um die Regelung des Verkehrs gegangen, sondern viel mehr um schwäbischen Stolz. Das gemeinsame Ringen für ein Sonderexemplar wie in Friedberg (Elvis-Presley-Ampel), in Augsburg (Kasperle) und im ostfriesischen Emden (Komiker Otto) förderte die schwäbische Identität. Schwäbisches Rebellentum wurde wachgerüttelt. Gemeinsam widersetzte man sich dem Klischee, dass die Menschen in Stuttgart bieder und korrekt seien, dass sie nicht nur bei der Kehrwoche den Keller putzen, sondern auch zum Lachen dorthin gehen.

Das Gefühl, dass Verbote und zu viel Reglementierung die Freiheit der Menschen einschränken, äußerte sich in Dieseltown ausgerechnet bei der

Ampelfrage, die wesentlich unbedeutender ist, als es Fahrverbote wegen der Schadstoffbelastung sind.

Beim Äffle geh'n, beim Pferdle steh'n. Ihre Fans blieben nicht stehen, bis man endlich einen Kompromiss fand. Es war ein Kompromiss, der den Amtsschimmel zum Wiehern brachte. Die Umsetzung erinnert an den berühmten Schildbürgerstreich. Das Sonderlichtzeichen mit den Schwabenhelden darf nämlich nur neben einer »normalen« Fußgängerampel leuchten, also nicht für sich allein stehen. Als Standort wurde der Übergang vom Hauptbahnhof zur Königstraße festgelegt, wo nun die Klassikerampel steht und daneben die von Äffle und Pferdle. Auch hier zeigt sich mal wieder: Schwoba send oiga.

Aber zurück zum schwäbischen Kulturgut: Äffle und Pferdle zählen zu den großen Komikern des Landes und ließen als Fernsehstars einst sogar die Mainzelmännchen alt aussehen. Ihr 1996 verstorbener Vater Armin Lang hat mit seinen Zeichentrickhelden die schwäbische Seele und die schwäbische Logik im Kern getroffen.

Fragt 's Äffle: »Gell, Sahne muass mr schlaga?« Antwortet das Pferdle: »Ja, aber bloß, wenn se net freiwillig uff da Kucha nuffgoht.«

1959 hat Armin Lang mit seinem jüngeren Bruder Volker – die beiden sind in Bayern geboren – sowie mit dem Grafiker Werner Klein die Fernsehfigur des Pferdle entwickelt, nach dem Vorbild des Stuttgarter Wappentiers. Auftraggeber war der SDR, der einen Pausenfüller für sein Werbeprogramm suchte. 1963 kam das Äffle dazu, das recht ernst aussah. Volker Lang, der etwas im Schatten von Armin stand, sorgte dafür, dass das Äffle kindliche Züge erhielt. Armin Lang war ein Tausendsassa, der Gott und die Welt, aber auch halb Stuttgart kannte. Der Dominanz des Älteren wollte der jüngere Bruder schließlich entgehen. Anfang der 1970er stieg er aus und gründete seine eigene Filmproduktionsfirma.

Privat verstanden sie sich weiterhin sehr gut, Volker Lang erinnert sich an unzählige »Sitzungen« in Kneipen, bei denen sie ihre Stimmen verstellen, etwa den Hans Moser machten, und dabei auf Ideen für neue Filme kamen.

Der Erfolg, das hat Volker Lang damals schmerzhaft erfahren, kann auch negative Seiten haben. Weil sein Bruder so sehr beschäftigt war, vernachlässigte er seine Gesundheit, rauchte zu viel und trank nicht immer nur Wasser. Mit 68 Jahren starb Armin Lang an den Folgen einer Krebserkrankung. Sein 1962 geborener Sohn Armin Lang junior führt seitdem die Geschäfte fort.

Von den Begleitern des Werbefernsehens sind die tierischen Trickfilmkumpel selbst zu Stars der Werbung geworden, die Reklame machen für Sprudel, Schokolade oder Möbel sowie auf Briefmarken der »BWPost« abgebildet sind. Das Duo verkörpert das typisch Schwäbische, das auch jungen Leuten gut gefällt.

Etwa 1.700 Spots mit Äffle und Pferdle ließ das SDR-Werbefernsehen in all den Jahren produzieren, schätzt Armin Lang junior. Auch wenn der SWR die einstigen Pausenhelden 2001 freigestellt hat und keine regelmäßigen Einspieler mehr mit ihnen ausstrahlt, erleben die Figuren seit wenigen Jahren ein Comeback wie aus dem Bilderbuch. Ob bei der großen Schwabenausstellung im Landesmuseum oder in der SWR 1-Hitparade bei den »größten Hits aller Zeiten« – überall sind die Schwabenstars dabei. Ihr Ohrwurm aus den 1970er Jahren zündet noch immer. »Banana braucht ein jeder Aff‹«, heißt es in diesem Blues, »jedes Pferd ischt ohne Hafer schlaff.« Schwoba send guad em Senga.

Und noch ein Klassiker der beiden:

Äffle: »Was isch groß?«

Pferdle: »Woiß net.«

Äffle: »Stuagert. Was isch no größer?«

Pferdle: »Woiß net.«

Äffle: »Lensa mit Spätzla.«

Vom Stamm der Rothäute

Mit 19 Jahren war sie Fotografin, mit 20 Mutter, mit 48 Großmutter – in diesem Tempo verläuft das Leben von Silvie Brucklacher-Gunzenhäußer. Das Leben ausprobieren, genießen, etwas riskieren, das Neue suchen. Was Silvie Brucklacher-Gunzenhäußer als junge Absolventin der Bayrischen Staatslehranstalt für Fotografie bei ihren nächtlichen Ausflügen in Schwabing als ihren Weg zum Glück entdeckt hat, gilt heute noch für sie. Mittlerweile gehört sie zur Generation Ü-70 und ihre Neugierde auf Menschen ist weitergewachsen.

Sie nutzt die Reife, sich für Tiere und sozial benachteiligte Menschen zu engagieren. Jetzt wird ihr vieles klarer – auch von dem, was sie in aufgewühlten Zeiten erlebt hat, in den Swinging Sixties in München, in denen sie oft mit Brigitte Bardot verglichen wurde.

Was hat sich seitdem verändert? In den 1960ern sei die Verführung »dezent, erotisch, heimlich« gewesen, meint sie, nicht plump wie heute. Jede Zeit habe ihre Spielregeln. Wer älter wird, erkenne, dass Aussehen nicht die wichtigste Sorge sei. »Damals war die Gesellschaft extrem prüde«, stellt Silvie Brucklacher-Gunzenhäußer außerdem fest. Sie meint damit etwa die Diskriminierung von Schwulen. Als Studentin zog die Stuttgarterin mit dem Krupp-Erben Arndt von Bohlen und Halbach durch Schwabing. »Er war der erste Homosexuelle, den ich kannte«, sagt sie, »damals hieß es abschätzig, die sind vom anderen Ufer.« Sie fühlte sich wohl in seiner Clique. Bei den Partys tanzten Mädchen auf den Tischen. Oder waren es Jungs? Ihr damaliger Begleiter heiratete zum Schein eine Frau.

Eine der Aufgaben der Fotoschule lautete: »Porträt mit Prominenz«. Die Schauspielerin Barbara Valentin stand Silvie Brucklacher Modell. »Bei ihr lagen Trauben herum«, erzählt sie »sie hatten dieselbe Farbe wie ihre Haare.« Die Fotografie wurde geprägt von neuen, lichtempfindlichen Filmen. »Blitzen war verpönt«, sagt Silvie Brucklacher-Gunzenhäußer, »manche Fotos entstanden bei Kerzenschein und waren sehr grob im Korn.« Die Porträts wirkten nicht mehr steif, durften auch mal unscharf und verwackelt sein.

Noch heute liebt die Fotografin, etwa bei ihrer Serie »Rotraits«, »scheinbar zufällige Fotos«, die mehr erzählten als Inszenierungen. Als die digitale Technik kam, erinnert sie sich, sei ein »angstvolles Raunen« durch die Fotografenszene gegangen. Längst habe sich das Neue aber »überlegen in Schärfe und Lichtempfindlichkeit« erwiesen.

Seit 2003 reist sie mit roter Leinwand durch Stuttgart. In Rot bildet sie das pulsierende Leben der Stadt ab.

Rot, die Farbe des Blutes, ist immer ein Statement. Rot steht für die Wut und für die Lust. An Orten, an denen Menschen beruhigt werden sollen, etwa in einem OP-Saal, sieht man niemals Rot. Diese Farbe ist klischeebeladen. Doch wie das mit Klischees oft ist, steckt auch Wahrheit drin. »Rot pusht«, sagt die Fotokünstlerin, deren rote Liebe nie endet – eine Liebe für Stuttgart.

Von Lothar Späth bis Eric Gauthier, von Wolfgang Dauner bis Manfred Rommel, von Timo Hildebrand bis Fritz Kuhn – der Stamm der Rothäute ist groß, die von Silvie Brucklacher-Gunzenhäußer fotografiert wurden. Als »süchtige Fotografin« bezeichnet sich die Mutter von zwei Söhne und fünf Enkelsöhnen. Seit fast 40 Jahren lebt das frühere Model, das zuletzt mit 68 Jahren auf Teneriffa für die »Brigitte« fotografiert worden ist, in Stuttgart, in dieser, wie sie findet, »lichtdurchfluteten Stadt mit den herrlichen Wohnmöglichkeiten«. Stuttgart sei »sehr entspannt, sehr freundlich, sehr unkompliziert«. Hier könne sie sein, ohne sich zu verbiegen. »Bei uns gibt's wenig Jet-Set und Schicki-Micki«, sagt die Frau, die von vielen »Taubenfee« genannt wird. Über 14.000-mal haben sie und ihre Mitstreiter bereits echte Taubeneier gegen Kunststoffeier ausgetauscht, um damit die Zahl der Stadttauben zu reduzieren. Mit ihrem Mann Rüdiger Gunzenhäußer und der Clublegende Laura Halding-Hoppenheit betreibt sie auch noch das »50 qm«.

Älter wird sie später

Es gibt die Volkshochschule, den Volkswagen, das Volkslied, die Volkszählung, den Volkswillen – und den Volksschauspieler. Die Vorsilbe ›Volk‹ vorneweg müsste in der Demokratie einen hohen Wert haben. Alle Gewalt geht schließlich vom Volk aus. Und doch passt es vielen Schauspielern nicht, wenn man sie als Volksschauspieler bezeichnet. Steckt in diesem Begriff gar unterschwellig eine Abwertung? Aber nein, er ist doch eher eine Auszeichnung! Den Ehrentitel Volksschauspieler kann man sich weder durch ein Studium noch durch eine amtliche Beförderung holen – sondern allein durch die Gunst des Publikums.

Monika Hirschle ist eine schwäbische Volksschauspielerin mit Leib und Seele, wie es in Stuttgart nicht mehr viele gibt. Hamburg hatte Heidi Kabel, wir haben die ›Moni‹, wie sie von ihren Fans und Freunden genannt wird. In der »Komödie im Marquardt« wird sie immer wieder zum Publikumsliebling gewählt, bestimmt dank ihres schauspielerischen Könnens, aber auch, weil sie »eine von uns« ist.

»Älter werde ich später«, sagt Monika Hirschle, ein Kind der späten 1950er-Jahre. Eines ihrer Soloprogramme heißt »Älles so erlebt«. Im Finale schlüpft sie so großartig in die Rolle der

Wiener Filmlegende Hans Moser, dass, wer die Augen schließt, glauben kann, der 1964 verstorbene Österreicher sei auferstanden. Aus einem silbernen Koffer holt sie's Moserle, eine Puppe, mit der sich die Schwäbin herzgreifend unterhält. Die melancholischen Worte münden in das Lied »Sag beim Abschied leise Servus«, bei dem die Älteren im Publikum textsicher mitsingen und die Jüngeren ergriffen zuhören. Der große Nuschler, dessen Grab auf dem Wiener Zentralfriedhof zu einer Pilgerstätte wurde, ist das beste Beispiel dafür, wie nah sich Österreicher und Schwaben sind.

Der Wiener raunzt, der Schwabe bruddelt. Der Wiener ist kauzig, der Schwabe knitz. Und beide sind ein bisschen lieb und ein bisschen bös. Denn zum Leben gehört eben alles.

Die Hirschle hat nicht nur beide Mundarten drauf – die schwäbische und die österreichische mit all ihren Eigenarten –, nein, in ihrer Kehle stecken so viele Stimmen, dass man meinen könnte, sie besitze noch mehr Puppen, nicht nur 's Moserle. Und etliche dieser kleinen Puppen muss sie verschluckt haben, worauf die nun selber sprechen, jede mit einer ganz eigenen und ganz anderen Stimme.

Die lustigen Szenen, die sie auf der Bühne schildert, sind exakt beobachtete Begegnungen, etwa auf dem Markt, im Urlaub oder mit Handwerkern. Als »C- oder D-Promi« in Stuttgart passiert es ihr immer wieder, dass sie unterwegs ganz genau gemustert wird, bis das Gegenüber sagt: »Gell, Sie sen's?«

Wieder einmal zeigt sich: Der Alltag schreibt die besten Geschichten. Da bestellt die Moni einen Maler in ihre Wohnung, damit er sich die Risse an der Decke anschaut. »Wann kommt Ihr Mann?«, fragt der. Doch Moni hat keinen. Damit ist für den Handwerker klar: »Des wird ganz teuer!« An der Stadtbahnhaltestelle sagt ein Mädchen zu ihr: »I han au a Oma!«

Wie Schwaben und Preußen miteinander kommunizieren, ist großes Kino. »Heben Sie mal«, sagt der Schwabe, worauf der Preuße anhebt, was man ihm in die Hand gegeben hat. Darauf sagt der Schwabe erbost: »Hebe sollet Sie – net lupfa.«

Die gebürtige Stuttgarterin, die auf Wunsch ihrer Eltern zunächst einen »anständigen Beruf« erlernte und Augenoptikerin wurde, hat einen exakten Blick auf ihre Landsleute. Dabei tappt sie nicht in die Falle, den Schwaben als Trampel der Bauerntheaterbühne darzustellen, der an keinem Fettnäpfchen und keinem Kehrwochenschild vorbeikommt. Schwaben sind bei ihr clever, knitz, Meister des Understatements, die wissen, was sie wollen und können.

Ach ja, die Optik! Die Bügel einer Brille, erzählt sie, haben bei Käufern schöne Namen. Eine Kundin habe mal gesagt: »I bekomm meine Schenkel net auseinander.«

In ihrer Bühnenlaufbahn, reflektiert sie, habe sie oft »Hecken« gespielt. Der Beruf des Schauspielers ist ein Überlebenskampf. Mitunter ging die Auftragslage so zurück, dass sie »Stern« und »Zeit« abbestellte, was zu Anrufen der Verlage führte, die im Soloprogramm zur Realsatire verarbeitet sind.

Ihre ersten Rollen am Alten Schauspielhaus waren immer Hochdeutsch. Der damalige Intendant Elert Bode war Preuße durch und durch. »Der hat aufgepasst, dass da in der Artikulation nix verrutschte«, sagt Monika Hirschle. Doch dann wurde es zunehmend regionaler bei ihr. Auf einem Soloabend mit Texten von Thaddäus Troll folgten die Telefonate von Elfie Eisele mit der »beschten Freundin« Margot im Südfunk-Radio. Sie wurde in Mundart-Hörspiele gebucht, schrieb eigene Stücke, spielte beim »Tatort« mit und sorgte als »Dorffrisörin und Dauersingle« Uschi Stammer in der SWR-Bäcker-Serie »Laible und Frisch« für Lacher – erst im Fernsehen, dann auch im Kino. Erfolgsstücke vom Hamburger Ohnsorg-Theater hat die Moni auf Schwäbisch übertragen und die Rolle der Heidi Kabel gespielt. Wem auffällt, dass in diesen Übersetzungen mitunter das Wort »Schnäpperle« vorkommt, sollte sich nicht wundern. Das Wort »Schnäpperle« ist nämlich Monika Hirschles schwäbisches Lieblingswort.

Im Interview mit »Stuggi.tv« hatte die Volksschauspielerin gesagt, ihr Lieblingsblatt, also die

»Stuttgarter Nachrichten«, würde sich nicht trauen, über das »Schnäpperle« zu schreiben. Als dies geschah, lud sie zu Schampus ein – daraus wurde der »Schdammtisch«, zu dem zahlreiche Schwabenfans gehören, etwa Travestiekünstlerin Fräulein Wommy Wonder alias Michael Panzer, die langjährigen Stimmen von Äffle und Pferdle, also Heiko Volz und Volker Lang, die DJane Alegra Cole und etliche andere.

Was ein »Schnäpperle« ist? Jede Mundart hat ihre speziellen Worte. Die Bayern sagen »Zipferl«, die Sachsen »Schniepel«, die Italiener »Uccello«, die Nordlichter »Piephahn«. Bei den Schwaben gibt's auch noch »Bubaspitzle« und das »Bimberle«.

Wie das »Schnäpperle« zu seinem Namen kam? Heiko Volz, der Autor von Äffle und Pferdle und Mitglied im Stammtisch, kann's verständlich erklären: »Oifach mal dran zupfa ond loslassa, dann woisch, warum es so hoißt.«

So, jetzt wär' des au g'schwätzt. Der Klang schwäbischer Worte erfreut nicht nur schwäbische Herzen. In dieser Mundart ist Musik! Wie lautmalerisch doch die Leit' bei ons schwätzet! Wie gut, dass es so großartige Volksschauspielerinnen wie Monika Hirschle gibt, die uns die Schönheit der schwäbischen Sprache nahebringen.

Wer nicht staunen kann, wird blind fürs Leben

Feierlich hängt an der hohen Decke ein antik aussehender Kronleuchter mit etwa 30 Leuchtarmen. Wer die »Magic Lounge« von Thorsten Strotmann betritt, ein früheres Fabrikgebäude hinter der Phönixhalle im Römerkastell, glaubt, in einem stilvoll eingerichteten, raffiniert ausgeleuchteten und gut besuchten Szenelokal mit langem Tresen und erhöhten Tischen gelandet zu sein.

Wird der Zauberkünstler von Tisch zu Tisch seine Tricks vorführen? Es kommt anders. Und der wuchtige Kronleuchter wird bei der Zugabe zum Teil eines furiosen Finales. Doch davon später mehr.

Erst einmal öffnet sich bei zuckendem Licht ein Vorhang. Wer noch nie hier war, macht große Augen. Jetzt erst sieht man, dass die frühere Fabrikhalle ein Doppelleben führt. Da sich der Raumteiler aus Stoff zurückzieht, können sieben sich steil nach oben erhebende Zuschauerreihen mit 180 Plätzen bestiegen werden. Einst ließen sich an diesem Ort Römer nieder, die der Legende nach Brot und Spiele liebten. Auf Häppchen folgt heute das kollektive Staunen.

Nicht jeder mag es, wenn einem Fremde auf die Pelle rücken – bei Thorsten Strotmann ist diese Nähe der größte Trumpf.

Mit Auftritten als Zauberer finanzierte Strotmann sein Studium der Betriebswirtschaft. Das in Deutschland und vielleicht sogar in Europa einzigartige Mini-Theater ist so erfolgreich, weil der Chef von Geld und Kunst gleichermaßen was versteht. Als im Jahr 2009 »Strotmanns Magic Lounge« eröffnet wurde, glaubten die meisten, das gehe nicht gut. Etliche kleine Bühnen können selbst mit Subventionen kaum überleben. Der Zauberkünstler bekommt nicht einen Cent von Land oder Stadt und sorgt mit PR-Tricks und dank der Mund-zu-Mund-Propaganda begeisterter Besucher für eine Auslastung von 95 Prozent, wie er sagt.

Provoziert hat der Magier Stuttgarts Kulturszene mit seiner These, Subventionen hemmten Kreativität. Je nach Auslastung sollten diese gewährt werden, meint er. Sonst sei die Gefahr groß, dass sich Bühnen auf weichen Matten der Bezuschussung ausruhten und einen »Versorgungsstandpunkt« lebten. Im Römerkastell können die Theatermacher studieren, wie man mit nur sieben Reihen schwarze Zahlen schreibt, getragen von der Leidenschaft eines Teams.

Die Zuschauer müssen emotional gefesselt, von einem Gemeinschaftserlebnis so sehr ergriffen sein, dass sie den Kollegen und Freunden später davon vorschwärmen werden. Thorsten Strotmann, einem Entertainer mit Witz, gelingt dies mit locker inszenierten Zaubertricks. Selbst für Menschen, die schon viel gesehen haben, ist Etliches neu. Das Timing ist mit Musik, Licht und nicht zuletzt mit der Bauchrednerstimme des Gastgebers perfekt gesetzt.

Im Sommer 2017 war der Magier mit seiner Frau Claudia Strotmann, der Managerin des Theaters, zur außerbetrieblichen Fortbildung in Las Vegas, der Kapitale der Magie. Die Theaterbesuche mussten fürs Finanzamt detailgenau notiert werden. Eine wichtige Erkenntnis für den Magier war, dass der Gigantismus der Großillusionen einen Gegentrend erlebt – es geht zurück zu Nummern, die mit Einfachheit verblüffen. Hat er aus Nevada neue Tricks mitgebracht? Hat er nicht, antwortet er, aber vielleicht sein Gespür für die Dramaturgie einer Show weiter geschärft.

Wie Tricks funktionieren, steht in Büchern, die man etwa in der Stuttgarter Stadtbibliothek ausleihen kann. Doch es ist wie mit Noten, sagt Strotmann: »Selbst mit den besten Notenblättern wird man nicht zum guten Musiker.« Fürs magische Marketing helfen keine Bücher. Oft kommt's auf den Zufall an. Dass der Künstler nach einer TV-Sendung wegen eines verbotenen Butterfly-Messers angezeigt worden ist, lässt sich als Werbeaktion kaum noch steigern.

Das Verfahren wurde eingestellt, Strotmann schneidet nun verschwundene Karten mit einem erlaubten Messer aus Zitronen. In den sozialen Netzwerken agiert er wie ein Meister – und lässt doch die gute alte Postkarte hochleben. In der Pause dürfen die Zuschauer Karten an Freunde schreiben, die das Zauberteam anderntags zur Post bringt.

Kommen wir zurück zum Kronleuchter: Am Ende wird dieses Schmuckstück heruntergelassen. Eine Zuschauerin schraubt eine Birne heraus und zertrümmert sie. Die verschwundene Spielkarte steckt drin – ohne die abgerissene Ecke, die auf dem Zaubertisch liegt und passt. Kann man das verstehen? Diese Show fasziniert deshalb so sehr, weil man das Geheimnis hinter den Illusionen nicht versteht. Nah dran ist das Publikum am Spektakel – und kann es doch nicht fassen. Gut so! Wer nicht staunen kann, wird blind fürs Leben.

Der Tausendsassa der Stuttgarter Kultur

Die einen kommen, weil's Kult ist – die anderen sind erpicht auf Kultur. Aber alle lieben »Gauthier Dance«, die 2007 im Theaterhaus gegründete Compagnie. Die Vorstellungen des Ensembles von Eric Gauthier sind meist auf Monate im Voraus ausverkauft. Vom charismatischen Publikumsliebling des Stuttgarter Balletts hat es der Kanadier und Vater von drei Kindern zum international gefeierten Ballettchef geschafft. Im Jahr 2017 ist er von europäischen Kritikern zum »Best Director of the Year« gewählt worden, zum besten Ballettdirektor des Jahres.

Der Tausendsassa der Stuttgarter Kulturszene versetzt darüber hinaus mit seinem Tanzfestival »Colours« die halbe Stadt in Bewegung und ist mitverantwortlich für die Tanzmesse auf dem Killesberg. Mit einem eigenen Tanzhaus auf dem Pragsattel soll es noch dicker kommen. Bei so großen Ambitionen muss man kämpfen und Rückschläge hinnehmen können. Als ein wichtiger Sponsor abgesprungen war und das Theaterhaus in finanzielle Schieflage geriet, dachten manche schon, die etwas andere Theatertruppe werde in dieser hohen Qualität nicht weitermachen können. »Es gibt keinen Grund, uns zu kondolieren«, erklärte der 1977 in Montreal geborene Ballettstar. An Angeboten aus anderen Städten fehlt es nicht. Doch Stuttgart ist seine Liebe. Hier will er weiterhin hohe Maßstäbe in der Tanzkunst setzen.

Also hat er vor, weiterhin Sponsoren mit seiner Leidenschaft anzustecken und für seine Projekte zu gewinnen. Gauthier geht auf alle zu. Wer ihn zuvor selten getroffen hat und mit ihm redet, glaubt, schon lange mit ihm befreundet zu sein.

Der Mann, der den Trubel nicht scheut, weil er darin über sich selbst hinauswachsen kann, dem es

Spaß macht, ein großes Auditorium mitzureißen und für den Tanz zu begeistern, fühlt sich besonders wohl, wenn es familiär wird, wenn er seine Liebsten um sich versammelt. In der Bar »Jigger & Spoon«, in einem früheren Banksafe zwei Stockwerke unter der Erde des Hospitalviertels, feiert Gauthier seine Geburtstage. Der Ort ist nicht zufällig gewählt: Der künstlerische Leiter und Namensgeber von »Gauthier Dance« ist Mitbesitzer jener Bar, die nahezu alle Preise abgeräumt hat, die in Deutschland für gepflegte Barkultur vergeben werden.

Wer die Programme von »Gauthier Dance« sieht, versteht, was Tanzlust mit einem machen kann. Auch manch einer im Theaterhaus hat das Gefühl, einem epochalen Neubeginn beizuwohnen. Hier schweift man nicht in Gedanken ab oder schaut heimlich aufs iPhone. Hier wird man von einer Überraschung in die nächste gezogen. In den besten Momenten der bejubelten Aufführung hält man den Atem an und glaubt, sich in dem Tanz selbst zu sehen: in seinen Träumen, seinem Stolz, seinen Begierden, seinen Irrtümern.

Über 40 Jahre nach dem Tod von John Cranko stellen wir fest: Die Tanzstadt Stuttgart lebt – so vielfältig und bunt wie nie.

STATIONEN DER NACHT

Der »Palast der Republik« – mit wenig lässt sich viel erreichen

Was mal eine öffentliche Toilette war, ist heute ein beliebter Treff des jungen Stuttgarts. Im Sommer hocken Hunderte auf dem Asphalt vor dem »Palast der Republik«. Der Boden ist hart, aber das Signal umso angenehmer: Mit wenig lässt sich in dieser Stadt sehr viel erreichen. Es gibt Dinge, die ändern sich über Generationen nicht.

Noch »mindestens 20 Jahre« will Stefan Schneider die runde Bar weiterführen, die ihren bis heute genialen Namen »Palast der Republik« dem Happy End der deutsch-deutschen Geschichte verdankt. 1989, ein Jahr vor der Wiedervereinigung, haben zwei Wirte an der viel befahrenen Friedrichstraße den Ort, der mal ein Örtchen war, mit ironischem Gespür nach »Erichs Lampenladen« benannt, wie Honeckers Stolz in Ostberlin beim Volke hieß.

Der Palast in Stuttgart ist das genaue Gegenteil vom Protz der SED-Machtzentrale. Der Erfolg einer gastronomischen Einrichtung hängt davon ab, wie man's anpackt. Stefan Schneider, der 1992 das etwas andere Lokal übernommen hat, verlangt für den halben Liter Bier 3,60 Euro – damit liegt er deutlich unter dem Schnitt, den man in Stuttgart bezahlt.

Die denkmalgeschützte Mini-Bar, die 1926 als öffentliche Bedürfnisanstalt erbaut worden ist, gehört der Stadt. In den 1930er-Jahren hat die Familie Wittwer den kleinen Raum über den weiterhin zugänglichen Kellertoiletten zum Verkauf von Zeitungen und Zeitschriften gepachtet. Aus dem Kiosk ist ein Buchladen geworden, als Kriegsbomben das eigentliche Geschäft von Wittwer an der Schlossstraße zerstört hatten. Das Unternehmen baute in den 1960ern ein neues Domizil an der Königstraße, das bis heute das Stammhaus ist und inzwischen von Thalia übernommen wurde. Bis in die 1980er blieb der Wittwer-Kiosk über dem öffentlichen Männer- und Frauenklo. Danach wurde daraus der »Musentempel«, wie die mäßig erfolgreiche Kneipe dort hieß.

Aufwärts ging es mit den Neuen vom »Palast der Republik«. Die kleine, meist überfüllte Bar bildete mit dem »Unbekannten Tier« im Metropolgebäude (bis 1996 aktiv) und dem »Imbiss Zum Zum« an der Bolzstraße (das dortige Gebäude wurde 2004 abgerissen) ein magisches Dreieck der Nacht. Legendäres, etwa von der einarmigen Currywurstverkäuferin, wird aus der Historie dieses Straßenzugs noch heute mit Wonne erzählt.

Ein Ort mit wechselvoller Geschichte ist die Ecke Bolzstraße/Lautenschlagerstraße. Gerücht oder Wahrheit? Adolf Hitler, so erzählt man sich, habe bei seinem Stuttgart-Besuch in den 1930ern, als die Häuser der Lautenschlagerstraße mit Nazi-Fahnen vollhingen, plötzlich ein Bedürfnis verspürt. Auf dem Weg zu einer Veranstaltung soll er in den heutigen »Palast der Republik« gegangen sein, um das Pissoir im Keller aufzusuchen. Für Eingeweihte ist es deshalb das »braune Klo«. Der Legende nach führt ein unterirdischer Gang ins Nachbarhaus.

In dunklen Zeiten, als gleichgeschlechtliche Liebe unter Strafe stand, diente die Toilette als »Klappe« zur Kontaktaufnahme zwischen Schwulen. Noch nach dem Krieg mussten die Männer auf der Hut sein. Immer wieder mischten sich Polizisten in

Zivil unter die Suchenden, denen eine Strafanzeige drohte. Die Zeiten haben sich zum Glück geändert. Am »Palast der Republik«, der täglich bis 3.00 oder 4.00 Uhr in der Frühe geöffnet hat, zeigt sich auf faszinierende Weise, wie jung, bunt und quicklebendig Stuttgart ist.

Die Theo im Wandel

Wenn es Nacht wird auf der Theodor-Heuss-Straße, sind die Radarfallen scharf. Nach 22.00 Uhr darf man nur mit 30 Sachen auf der B 27 zwischen Rotebühlplatz und Bahnhof schleichen. Blitzende Säulen drosseln die Autofahrer. Wer oder was die Wirte der Partymeile ausbremst, die kumpelhaft »Theo« genannt wird, ist indes nicht so eindeutig.

Raimund Welte von der »California Bounge« am Börsenplatz ist fast froh, dass sich sein Lokal in der zweiten Reihe der Ausgehmeile befindet. Von der Flaute der Theo sei er deshalb nicht direkt betroffen. Das maritime Flair seiner Terrasse lockt Gäste, denen Relaxen wichtiger ist als das Partymachen. Doch auch bei ihm ist nicht alles eitel Sonnenschein. Wirt Welte sieht für den Umsatzrückgang vor allem zwei Gründe. »Bei den steigenden Mieten haben die Leute immer weniger Geld zum Ausgeben«, sagt er. Und obendrein halte das Dieselfahrverbot Bewohner des Umlands davon ab, zum Feiern nach Stuttgart zu fahren.

Die »California Bounge« ist mit über 20 Jahren ein Klassiker der Nacht. Zu den Neuzugängen der Theo zählt ein Club, dem es nicht an Selbstbewusstsein mangelt. Über dem Eingang steht in weißen Versalien: »ALLER ALLER ALLER ALLER ALLERBESTE.« Der Türsteher des vor einem Jahr eröffneten Clubs »Aller Beste« weiß, warum viele im allerbesten Ausgehalter nicht mehr ausgehen. »Früher musste man zum Baggern und Aufreißen aus dem Haus«, sagt er. »Heute wird das daheim am Handy erledigt.«

Wenige Meter weiter hat sich eine Legende bereits verabschiedet. Der Club »Rohbau« machte im April 2019 für immer zu – und damit Platz für die Handyklinik vom ersten Stock, die mit der Erweiterung ins Erdgeschoss dem Vermieter wohl sichere (vielleicht höhere) Mieten garantiert. 2001 wurde der »Rohbau« eröffnet – in jenem Jahr, der als Start der Partymeile gilt. 2001 hat auch die »Suite 212« begonnen, in deren Räumen sich nun der Burger King befindet.

DJ-Legende Jens Herzberg vermisst den »Rohbau« sehr: »Der Club war eine Insel zwischen Remmi und Demmi. Hier haben DJs aufgelegt, die ihr Handwerk verstehen.« Hier flackerte das Discolicht, ging das legendäre »Cowboy Schorle« über den Tresen. Gegenüber haben die Clubs »Muttermilch« und »Tonstudio« für den Abriss weichen müssen. Shisha-Bars breiten sich aus. Voll ist's beim »Beerpong-Spiel« im »One Table«. Teams mit Namen wie »Erbärmliche Spritzer« oder »Powerpuff Girls« treten an. Die Partymeile ist ein Sammelsurium geworden. Beim Spagat zwischen Wasserpfeifen und Bierbechern, in die man Bälle wirft, hat sie sich wohl verrenkt. Jenes urbane Publikum, das »Szene« genannt wird, verspottet die Theo als »Schinkenstraße« für Junggesellenabschiede. Vorbei sind die Zeiten, da man hier von einer Bar in die nächste stolpern konnte – die Entfernungen haben sich vergrößert, die Partymeile ist auseinandergerissen.

Zu den brummenden Orten zählt das »Ribingurūmu« im früheren Club »Erdgeschoss«, das an eine Kneipe für Studierende erinnert. Der Barname soll »Wohnzimmer« bedeuten. Nichtjapaner dürfen's glauben.

Gastronomie ist Wandel. Die einen Bars bleiben immer in, die anderen verlieren früh die Gunst der Gäste. Kämpft die Theo gegen den Rest der Gastro-Welt? Nach so vielen Jahren Partymeile tut es der Theo vielleicht gut, dass sie nun öfter brachliegt – nur dann kann sie sich, die abgetakelte Lady, erneuern und wieder attraktiv werden.

Die Theo ist halb tot! Es lebe die Theo!

Der Perkins Park – ein Ort der Erinnerungen

Perkins? Wer weiß heute noch, was Perkins sind? Ist doch alles längst verraucht! Anfang der 1980er gab ein US-Tabakkonzern einer neuen Zigarettenmarke den Namen Perkins und wollte damit auf dem deutschen Markt landen. Die PR-Strategen wählten Stuttgart als Testlauf aus. Hier sponserten sie zwei aus Mannheim stammende Gastronomen. Der damals 28-jährige Michael Presinger und der kaum ältere Gerd Schüler wollten hoch über der Stadt in dem monumentalen, 1939 zur Reichsgartenschau erbauten Gebäude einen ziemlich schicken Schuppen eröffnen. Die Zeitungen prägten den Begriff »Super-Diskothek«. Das gab's zuvor noch nie: eine Tanzfläche aus Marmor, viereinhalb Meter hohe Glaswände, eine schwarz getäfelte Toilette.

Die Zigarette mit dem Namen Perkins war schon nach wenigen Wochen vom Markt verschwunden. Den Park, der nach ihr benannt ist, gibt es noch immer. Nur der Marmorboden wurde in all den Jahren um fünf Zentimeter runtergetanzt und musste zum 30. Geburtstag ersetzt werden.

Zu den VIPs der Eröffnungsparty im Schneesturm des 4. Dezember 1980 zählte VfB-Ikone Hansi Müller. »Wir waren alle gespannt«, erzählt der Fußball-Europameister und Vize-Weltmeister, »diese Dimension für 1.000 Gäste kannten wir bisher in Stuttgart nicht.« Die Schlange reichte bis runter auf die Straße. Die Farbe der Möbel, erzählt man sich, war nicht ganz trocken, weshalb grüne Streifen auf Anzügen und Abendkleidern an eine Feier erinnerten, von der ganz Stuttgart sprach. Selbst Günther Netzer war gekommen.

Der Perkins Park – ein Ort der Erinnerungen. Wisst ihr noch, wie Boris Becker nach dem Daviscup-Sieg 1989 hier mit einem Mädel wild geknutscht hat? Udo Jürgens stellte auf Killesbergs Höhen 1981 der Weltöffentlichkeit sein erstes englischsprachiges Album vor. »Das Grundthema lautet Liebe als Lebenshilfe«, stand in den »Stuttgarter Nachrichten«. Im Park zauberten Claudia Schiffer und David Copperfield 1994 Liebesglück vor. Dass die beiden ein Paar waren, glaubt bis heute keiner. Es war halt ein Zaubertrick.

1990 kam im Glasnost-Glück ein Gorbi-Double. Den früheren Nationaltorwart Eike Immel musste der Türsteher ins Auto zum Schlafen legen, was Maßarbeit war. Der groß gewachsene Spieler fuhr Porsche.

Und 2006 feierten die deutschen Nationalspieler den dritten Platz im Sommermärchen. In den früheren Morgenstunden, kurz vor dem Abflug zum Berliner Fanfest, hatten die WM-Helden die Party im »Amici« verlassen, um kein Auge mehr zuzumachen.

Die Promiquote ist im Perkins Park gesunken, aber der Nachschub an jungen Besuchern ging nie aus. Wie wird man zum Oldie des Nachtlebens? »Wir haben Trends oft erkannt«, sagt Presinger, »sind aber nicht allen immer gefolgt.« Die Mischung zweier Clubs mit unterschiedlichem Musikangebot in einem Haus sei »revolutionär« gewesen.

Michael Presinger hat den Pachtvertrag mit der Stadt Stuttgart als Eigentümerin des Gebäudes bis ins Jahr 2035 verlängert. Dann ist er 83 Jahre alt und kann sich allmählich zur Ruhe setzen.

Speeddating der Startups

Alte Reifen hängen an der Decke als Lampen, verschiedenfarbig beleuchtete Wasserkanister wirken wie eine Kunstinstallation. Draußen erscheinen die Ziffern auf dem Benzinpreisschild mit den Aufschriften »Bleifrei«, »Sprit« und »Super« ausgeflippt – sie sind bis zu 9,91 Euro pro Liter unkontrolliert nach oben geschossen. Die »Schankstelle«, die bis 1994 an der Jägerstraße unweit des Hauptbahnhofs eine Agip-Tankstelle war, ist eine der coolsten Locations der Stadt.

Würde es diese bunte Bar nicht schon geben, man müsste sie erfinden. Und schon sind wir mittendrin im Thema! Vom Erfinden verstehen die jungen Menschen allerhand, die in dieser Nacht mit Vornamensschildern auf der Brust versammelt sind. Auf Nachnamen hat man verzichtet bei den Aufklebern. Wär' eh viel zu spießig.

Würden Daimler und Bosch, zwei große Stuttgarter Pioniere, noch leben, sie hätten »Gottlieb« und »Robert« auf ihre Schildchen geschrieben. Und dann hätten sie zum »Pitchen« auf eine kleine Bühne steigen dürfen, die nicht größer ist als drei Bierkästen.

Bestes Entertainment ist einmal im Monat geboten, wenn der Verein Startup Stuttgart zum Gründergrillen bittet. Gegrillt werden nicht die Gründer, sondern Burger, und es gibt Pommes. Männer sind ganz klar in der Mehrheit. In dieser Nacht »pitchen«, wie das in ihrer Sprache heißt, etwa 30 Jungunternehmer und nur 4 Jungunternehmerinnen. Der »Pitch« ist beim Golfspiel der entscheidende Schlag, der den Ball aus großer Entfernung im hohen Bogen möglichst nah an die Fahne beim Loch befördern soll. Gründer sollen beim »Pitch« mit möglichst knappen Worten ihre Treffer landen.

»Eine Geschäftsidee ist gut, wenn man sie in wenigen Sätzen so erklären kann, dass sie jeder versteht«, sagt Philipp Hagebölling von der Agentur »Innovation Heroes«, einer der Veranstalter des »Digital Heroes Festivals« in den Wagenhallen. Als er erstmals selbst gepitcht hat, trug er feinen Zwirn, weil er dachte, in Jungunternehmerkreisen ist man edel gekleidet. Die meisten trugen Jeans.

An diesem Abend genießt Phil es, den Kurzreden der anderen zu lauschen und beim Bier mit den Kumpels zu diskutieren, welche Idee was taugt. »Es ist geil, dass es im eher prüden Stuttgart Formate wie das Gründergrillen gibt«, schwärmt er.

Beim herkömmlichen Speeddating geht es darum, in kurzer Zeit möglichst viele Partner zu checken. In wenigen Sekunden entscheidet sich, ob man sein Gegenüber gut findet oder ob man's doch lieber beim Nächsten versuchen sollte. Dieses Spiel widerspricht den althergebrachten Vorstellungen von Romantik – ist aber effektiv.

Beim Business-Dating wird dieses Konzept übertragen – hier buhlt man um Investoren. So wenig man von Luft und Liebe leben kann, so ist eine Geschäftsidee ohne Kapital nix wert. In die Schankstelle sind Geldgeber gekommen, etwa von der Daimler AG, die das Gründergrillen sponsert.

Wie man seine Startup-Idee findet? Johannes Ellenberg, einer der bekanntesten Influencer in Stuttgart, erklärt dies so: »Man kommt oft im Alltag darauf, wenn man etwa auf ein Problem stößt. Dann überlegt man: Sind viele von diesem Problem betroffen? Wie lässt sich eine Lösung finden? Lässt sich damit Geld verdienen?« In dieser Nacht haben die Redner Lösungsvorschläge, um etwa dreckige Hemden bei Kunden daheim abzuholen, sie dann gewaschen und gebügelt nach Hause zu bringen. Eine junge Frau brachte aus den USA die Idee mit, Kaugummis mit Koffein vor allem in Sportstudios und auf Golfplätzen anzubieten. Zwei 20-jährige Freunde wollen die »Hi-Box« für Events auf den Markt bringen, mit der man Videos aufnehmen kann.

Michael Heimrich gibt als Losung aus: »Highway to hell statt La Le Lu.« Er tüftelt unterm Firmennamen »Rock my sleep« an Spieluhren, die Lieblingssongs der Eltern in der Kuschelversion zum Besten geben – damit sollen deren Kinder einschlafen.

Ein weiterer Redner verspricht eine Cloud mit Servicestandort Deutschland. Außerdem will jemand bei der Suche nach dem richtigen Arzt helfen. Wer datet wen in dieser Nacht? Eifrig werden Visitenkarten und Flyer getauscht, Handynummern weitergegeben. Die Stimmung ist bestens.

Und doch wissen die meisten, dass etwa 90 Prozent der Startups scheitern werden. Stuttgarts »Speeddater« wollen alles dafür tun, dass sie zur Minderheit gehören. Die Hürden für Startups sind hoch. In der Stadt von Daimler und Bosch ist die Gründerszene besonders lebhaft – hier ist geballte wirtschaftliche Kraft daheim. Und mit ihr viel Leidenschaft.

Des han i dino froga wella!

Wenn Dinos der schwäbischen Theaterszene bei Rotwein und Saft zusammenhocken, geht es laut und vergnügt zu. In so einer Runde kann man allerlei »dinos« hören, die seit Ewigkeiten zur schwäbischen Sprache gehören. Hier einige Beispiele:

»Kennsch dino?«

»Des han i dino froga wella!«

»Wann kann i dino mal im Fernsäh sähn?«

Monika Hirschle, Publikumsliebling in der Stuttgarter Komödie im Marquardt, berichtete von den Proben für das Mundart-Lustspiel »Laible und Frisch«. Die Autoren Sebastian Feld und Frieder Scheiffele haben in das Stück das Wort »Hennenfiedele« eingebaut, und Monika Hirschle fragte, ob jemand wisse, was das bedeutete. Die Ältesten, das Schauspielerpaar Trudel Wulle und Walter Schultheiß, wussten es natürlich. Das Hinterteil eines Huhns sei so ein Hennenfiedele. Und schon begann ein reger Austausch von tollen schwäbischen Worten. Ha wa mir! Wie lautmalerisch die Schwoba schwätzet!

Worte wie »Lällebäbel«, »Bäämull«, »Hosalottel«, »Käpsele«, »Gräbele«, »Breschtlingsgsälz« fielen. Und: Machet nore! Dapferle! Besonders beliebt ist das Muggaseggele, die weltweit kleinste Einheit. Das Seggele, das Geschlechtsteil einer Mücke, ist nun mal winzig.

’s Maul aufreißa, wie es g’wachsa isch – davon versteht Trudel Wulle viel, die beim »König von Bärenbach« die Fußpflegerin war, als Marktfrau politisches Geschehen live kommentierte und in der Serie »Berlin, Berlin!« die spuckende Lolle vertrieb. Ihre allererste Rolle nach dem Krieg übernahm sie in ihrer Geburtsstadt Heilbronn. In »Hochzeitsreise ohne Mann« vergaß der Hauptdarsteller seinen Text – die junge Trudel rettete die Aufführung, indem sie als Braut ihren Part spontan änderte und die Handlung am Leben hielt.

Unvergessen ist ihr erstes Vorsprechen am Staatstheater Stuttgart. »Ich hatte einen Ausschlag im Gesicht«, erinnert sie sich, »wegen meiner Allergie gegen Primeln.« Am Ende habe der Prüfer gesagt, sie habe »das Gesicht mit Charme ausgeglichen«. Das sind Dinge, die man nie vergisst. Wie auch ihre erste Begegnung mit Walter Schultheiß 1947 am Volkstheater in Stuttgart. Der sei »hochbegabt«, habe man ihr gesagt. »Wollt ihr dicke, fette

Pfannkuchen?«, fragte der nach dem Krieg abgemagerte Schultheiß – für »net arg hochbegabt« hielt sie das aus dem Mund eines dünnen Herings. 1950 heiratete sie ihren Walter, mit dem sie heute noch mit einem Sketch-Programm regelmäßig auftritt und dabei vorträgt, »was d' Leut' so rausschwätzet«.

Sie schwätzet mit viel »dinos« raus.

I seh dino! Wehr dino! Dann pack i dino am Krage! Wir hoffen, dass Trudel Wulle und Walter Schultheiß noch lang ihre schwäbische Stimme erheben.

Hoffentlich send dino lang unter ons!

Ist bei den Schwaben der Putztrieb stärker als der Sextrieb?

So tolle Kollegen wie Frau Schmidt hat nicht jeder. Zu ihrem Abschied ließen sie sich was Originelles einfallen, um ihre Wertschätzung auszudrücken. Was schenkt man einer Frau, die der Arbeit wegen von Berlin nach Stuttgart zieht?

Man schenkt ihr eine Kutterschaufel! Auf die hatten die Kollegen von Silvia Schmidt (Name geringfügig geändert) mit Filz ihren Namen gekritzelt. Zum Abschiedspräsent gehörte ein Handfeger aus Rosshaar. Mit einem schwäbischen Notfall-Set sollte sie für die Kehrwoche gerüstet sein, meinten die Kollegen. Die müssen im Unrat von Berlin bleiben, während Frau Schmidt bei Daimler in Stuttgart Karriere macht.

Mit Sprüchen wie »Da gibt's sicher auch schöne Ecken« und »Hat Stuttgart nicht ein tolles Ballett?« sei sie vor ihrem Umzug aufgemuntert worden, erzählte mir die Ex-Berlinerin kürzlich. Ich erkundige mich, ob die Namen auf der Kutterschaufel im Dienste der Sauberkeit inzwischen zur Unkenntlichkeit weggeputzt seien.

»Von wegen«, antwortete Frau Schmidt, »die Kutterschaufel hängt wie neu in der Küche – in meiner Wohnanlage gibt's den Hausmeisterservice.« Da mache keiner die Kehrwoche selbst, weil der Preis dafür in der Miete enthalten sei.

Stell dir vor, du ziehst zu den Schwaben. Und nix isch mit Kehrwoch'!

Vorurteile sind auch nicht mehr das, was sie einmal waren.

An ihrem neuen Arbeitsplatz bekam Frau Schmidt ein Stuttgart-Buch geschenkt, auf dessen Rückseite steht: »Stuttgart ist ganz anders als sein Ruf.« Der Rest der Republik, war bestimmt zu lesen, würde die Schwaben unterschätzen. Schon vor einiger Zeit habe ich beschlossen, keine Bücher mehr zu lesen, auf denen steht, Stuttgart sei anders. Nein, wir sind so, wie wir sind! Wenn Frau Schmidt nur lange genug hier bleibt, wird sie ebenso denken: Wahre Größe ist, wenn dir dein Ruf schnurzegal ist! Mit dem Ruf ist es so eine Sache. Er entspricht selten der Wahrheit.

Nehmen wir nur mal ein Stinktier. Es steht im Ruf, fürchterlich zu stinken. Dabei tun Stinktiere dies äußerst selten. Viele stinken nicht ein einziges Mal in ihrem ganzen Leben. Nur im äußersten Notfall strecken sie einem Angreifer ihren Allerwertesten entgegen, um ihn dann – wenn der Angreifer immer noch nicht kapieren will – mit einer Ladung aus den Analdrüsen vollzuspritzen. Bei uns Schwaben verhält es sich ähnlich. Wir werden selten ungemütlich. Aber wenn wir es werden, haben wir allen Grund.

Schon vor über 20 Jahren hat ein Radiosender uns zum »wilden Süden« erklärt, ohne ahnen zu können, dass wir später mal im Kampf gegen einen neuen Bahnhof noch wilder werden würden.

Kaum war ein langjähriger Stuttgart-Korrespondent der »Süddeutschen Zeitung« bereit, in die Zentrale nach München zurückzukehren, rissen sich die Kollegen um den freiwerdenden Außenposten. Denn in Stuttgart spielt das Leben. Ein grüner Oberbürgermeister, ein grüner Ministerpräsident und Bürgerproteste in einem bis dato konservativen Land – das ist für Journalisten ein kleines Paradies.

Irgendwann werden wir den Ruf der Rebellen haben. Und keiner wird mehr Handfeger verschenken, sondern Schutzmäntel gegen Wasserwerfer.

Aber was soll's? Das meiste, was man über uns sagt, ist erstunken und erlogen. Irgendwann kommt jeder zu uns, der Karriere machen will. Und wir strecken wie das Stinktier auch nur den größten Feinden unseren Hintern entgegen!

Keineswegs zutreffend ist etwa die Behauptung, bei Schwaben sei der Putztrieb stärker ausgeprägt als der Sexualtrieb. Wer so etwas glaubt, hat noch nie das Flaschenchaos vor Stuttgarter Altglascontainern gesehen, das regelmäßig quer durch die Stadt herrscht. Nichts sei schwäbischer und für Zugezogene nerviger als die Kehrwoche, hört man oft. Der angeblich in diesen Breiten heftig ausgeprägte Sauberkeitsfimmel ist ein unerschöpfliches Thema für alle Rei'geschmeckte. Dabei ist die Kehrwoche seit Ende der 1980er-Jahren gar keine Pflicht mehr – zumindest in Stuttgart, dessen Gemeinderat 1988 eine uralte Tradition für beendet erklärt hat. In Mietverträgen allerdings werden Putzdienste – von Haus zu Haus verschiedenen – vorgeschrieben. Meist wird zwischen der kleinen und der großen Kehrwoche unterschieden. Bei der kleinen Kehrwoche muss der Bewohner den Flurbereich vor seiner Wohnungseingangstür und den zum nächsten Stockwerk hinunterführenden Treppenabschnitt im wöchentlichen Wechsel mit den anderen Etagennachbarn säubern. Bei der großen Kehrwoche reinigen die Bewohner im wöchentlichen Wechsel Kellertreppe und Flur, Hauseingang, den Gehweg des Hauses und Gemeinschaftsräume. All dies ist freilich kein Problem für waschechte Schwaben, von denen man sagt, sie würden Mülltonnen auch von innen auswischen.

Die gute alte Kehrwoche geht auf eine Vielzahl von Gesetzen zurück, die seit Ende des 15. Jahrhunderts in Württemberg erlassen wurden, um die Menschen zu Sauberkeit anzuhalten und die Verbreitung von ansteckenden Krankheiten zu verhindern. Graf Eberhard im Barte verlangte bereits 1492 von seinen Untertanen: »Damit die Stadt rein erhalten wird, soll jeder seinen Mist alle Wochen hinausführen, jeder seinen Winkel alle vierzehn Tage, doch nur bei Nacht, sauber ausräumen lassen. Wer kein eigenes Sprechhaus [WC, Anmerkung des Verfassers] hat, muss den Unrath jede Nacht an den Bach tragen.«

Dies liegt lange zurück, so viele Bäche gibt es gar nicht mehr. Heute wird die Kehrwoche von Auswärtigen als typisch schwäbische Eigenart verspottet. Der 2017 verstorbene Schriftsteller Peter Härtling, als Schwabe in Nürtingen geboren, lobte die Tradition: »Die Kehrwoche führt eine demokratische Praxis vor. Der Schmutz aller wird nicht einem aufgeladen, sondern ein jeder kehrt ihn für einen jeden fort. Das ist ein Stück Common Sense, praktizierter Bürgersinn.«

Noch ein kleiner Tipp für Menschen, die ins Schwabenland ziehen: Die Kehrwochen-Pflicht, sofern sie der Mietvertrag verlangt und man nicht mit Hinweis auf den Stuttgarter Gemeinderatsbeschluss von 1988 dagegen klagen will, sollte am besten samstagvormittags erledigt werden. Zu diesem Zeitpunkt ist die Chance am größten, von Mitbewohnerinnen und Mitbewohnern gesehen zu werden. Am besten sollte man mit dem Besen dazu noch gegen das Treppengeländer donnern, damit alle im Haus mitbekommen: Sauberle, da macht jemand sei Kehrwoch.

WER SPUREN HINTERLÄSST, IST NICHT TOT

Der letzte König von Württemberg

Ist Stuttgart die Stadt der Königstreuen? Man könnte es denken, wenn man an den heftigen Protest denkt, der sich in der Stadt erhob, als Wilhelm II., der letzte Monarch von Württemberg, mit seinen beiden Hunden verbannt wurde. Seit Jahrzehnten war er vor dem Eingang des Wilhelmspalais an der Konrad-Adenauer-Straße gestanden – sein Denkmal, das 1991 von einem Förderverein aufgestellt worden war, um ihn 70 Jahre nach seinem Tod als »Bürgerkönig« zu ehren.

Für den Umbau des früheren Wohnhauses Wilhelms II. und der späteren Stadtbücherei in ein Stadtmuseum musste das spät aufgestellte Denkmal weichen. Mitte September 2017 kehrte die lebensgroße Figur des letzten Königs von Württemberg mit seinen geliebten Hunden Ali und Rubi, zwei weißen Spitzen, zurück – allerdings versteckt im Garten an der Südseite im hinteren Bereich. Darüber sind viele Stuttgarter verärgert. Das Geschichtsbewusstsein in der Stadt ist groß, und auch die Sympathie für den leutseligen »Herrn Keenig«, der noch heute als »bescheiden und bürgernah« gerühmt wird. 1918 wollte ihn das Volk aber trotz seiner Gutmütigkeit nicht mehr. Die Monarchie war am Ende, Wilhelm II. musste abdanken, was ihm ganz und gar nicht passte.

27 Jahre zuvor hatte er den Thron bestiegen. König Karl, der Vorgänger, war sein Onkel, der mit Zarentochter Olga keinen eigenen Nachwuchs hatte. Karl war schwul, wie man heute weiß. Die meiste Zeit hatte Karl mit seinem Freund Woodcock, einem »auffallend hübschen Amerikaner«, wie überliefert ist, an der Riviera verbracht. Seine kinder- und im Grunde auch ehemannlose Frau Olga widmete sich derweil der Wohlfahrt, von der man in Stuttgart noch heute profitiert.

1907 hatte sich König Wilhelm II. die beiden weißen Spitze angeschafft, die rasch zum Mittelpunkt der Hofgesellschaft wurden. Auch bei Empfängen liefen die Lieblinge des Monarchen frei herum und kläfften die vornehmen Gäste an. Wie überliefert ist, zerkauten Ali und Rubi einmal am Ende des Abendessens die Frackschöße eines Würdenträgers und ruinierten dessen Galakleidung.

Nach dem Ende des Ersten Weltkriegs brach das Deutsche Reich zusammen – und damit auch die

Monarchie. Am 9. November 1918 stürmten Revolutionäre das Wilhelmspalais und hissten die rote Fahne. Wilhelm II. und seine Frau Charlotte mussten die Stadt verlassen. Sie flohen nach Bebenhausen. Wenige Tage danach dankte der letzte König von Württemberg ab. So wütend war er auf seine alte Heimatstadt, dass er verfügte, in Ludwigsburg beerdigt zu werden. Was 1921 geschah. Der Leichenzug musste an Stuttgart vorbeiführen.

Bedenkt das Ende, werdet nicht überheblich

Über die dunkle Erde eines gerade erst eingeebneten Grabes huscht ein Eichhörnchen. Es weiß nichts vom Tod. Jetzt im Herbst hat der kleine Nager besonders viel zu tun und muss Vorräte für den Winter anlegen. Die Menschen, die auf dem Waldfriedhof ihre letzte Ruhe gefunden haben, müssen sich um nichts mehr kümmern. Für sie gibt es kein Hetzen, kein Huschen mehr.

Die Kreise ihres Daseins sind vollendet, wie es auf dem Grabstein des 1955 verstorbenen Mozart-Tenors Marcel Wittrisch heißt: »Nach ewigen ehernen großen Gesetzen müssen wir alle unseres Daseins Kreise vollenden.« Es ist ein Spruch für uns Lebende: Bedenkt das Ende, werdet nicht überheblich! Erkennt das Glück des Lebens. Euer Leben endet zwar – wenn ihr Glück habt, nicht aber im Vergessen.

Der Waldfriedhof ist ein großer Park mit üppigem Mischwaldbestand. 15.000 Grabstätten. Jede und jeder Tote ein Schicksal. Viele sind sehr alt geworden. Nun werden bei ihnen nach und nach Familienmitglieder bestattet. Andere sind so jung gestorben, etwa im Wahnsinn eines Krieges, dass sie keine Familie gründen konnten.

Es ruhen viele hier, die Stuttgarts Geschichte geprägt haben. Oberbürgermeister Arnulf Klett, Oberbürgermeister Karl Lautenschlager, Robert Bosch, Paul Bonatz, die Heussens, die Breuningers, die Schoettles, die Hajeks, Gebhard Müller, Oskar Schlemmer. Die Ehrengräber der Großen. Der Weg zu ihnen ist ausgeschildert.

Das Wort »beliebt« passt nicht zu einem Ort wie diesem. Doch bei keinem anderen Friedhof in Stuttgart ist der Andrang so groß. Und es sind immer viele Besucher da.

Eine alte Frau hat große Mühe, an zwei Krücken vorwärts zu kommen. Es ist ein Gang mit beschädigter Hüfte und schwerem Herzen. Ihr Blick ist versteinert. Man sieht ihr an, wie zielstrebig sie ist.

Wenige Meter weiter wird gelacht. Frohsinn auf einem Friedhof? Eine Gruppe von Ausflüglern steht vor dem Grab von Theodor Heuss. Offenbar werden Anekdoten aus dem Leben des früheren Bundespräsidenten erzählt. Und die sorgen für Heiterkeit. »Die Tränen des Leides und der Freude haben einerlei Salz«, steht in der Bibel. Alles hat seine Zeit.

Die Zeit des Lachens, die Zeit des Weinens. Das ist kein Trost für Trauernde. Ihnen ist es auch egal, ob der Waldfriedhof auf das Jahr 1913 oder auf das Jahr 1914 zurückgeht, worüber Experten immer wieder diskutieren.

Auf dem Grabstein von Erwin Baelz, dem Leibarzt der japanischen Kaiserfamilie, stehen folgende Lebensdaten: »1849 bis 1913«. Doch die erste Beerdigung war erst im August 1914. Besagter Leibarzt Baelz ist aus einem anderen Friedhof umgebettet worden. Hauptmann Ernst Hory war der Erste, der auf dem heute größten Friedhof in Stuttgart seine letzte Ruhe fand. Er war im Alter von 44 Jahren im Ersten Weltkrieg schwer verletzt worden und in einer Stuttgarter Klinik gestorben. Fast hätte Stadtbaudirektor Albert Pantle, der Erbauer des Waldfriedhofs und seiner Feierhalle, beim ersten Begräbnis um den eigenen Sohn weinen müssen. Der ist wenige Tage nach Hauptmann Hory im Krieg gestorben und bekam das dritte Grab des neuen Friedhofs.

Gleich zwei »Auferstehungsadler« schmücken die beiden Ausgangstympana der Aussegnungshalle (»Tympanon« ist das Feld über einer Tür). Die Adler schauen in der Natur nie nach oben. Oder soll es sich um eine Friedenstaube handeln? Die Erklärung: Nach antikem Glauben fliegt ein alt gewordener Adler in die Sonne, zu der er aufschaut. Dort verglüht sein Gefieder. Nach einem mehrmaligen Bad in einer Quelle kehrt er als junger Vogel zurück (ähnlich dem Phönix-Ritual). Das ist eines der heidnischen Symbole, die das Christentum schon sehr früh übernommen hat.

Während auf dem Friedhof gleich am Eingang ein Schaukasten informiert, wo sich berühmte Gräber befinden, ist dies auf dem Dornhaldenfriedhof nur wenige hundert Meter davon entfernt nicht so. Von Besuchern wird deshalb seit weit über 30 Jahren eine Frage immer wieder gestellt: »Wo sind die Terroristen begraben?«

Meist antwortet der Friedhofsaufseher: »Bei uns gibt's keine Terroristen – nur Tote.«

Am Gräberfeld 92 – am anderen Ende des Dornhaldenfriedhofs, vom Eingang aus gesehen – befindet sich eine Steinplatte mit drei Namen. Aufschrift: »Andreas Baader, Gudrun Ensslin, Jan-Carl Raspe, Stuttgart-Stammheim 18. Oktober 1977.« Das Grab ist gepflegt. Jemand hat rote Rosen in eine Vase gestellt. Die letzte Ruhe kommt immer und trifft jeden. Die Befürchtung in der aufgeheizten Angststimmung der 1970er, das Grab der drei RAF-Mitglieder könne zur Pilgerstätte für gewaltbereite Sympathisanten werden, ist nicht eingetreten. Ministerpräsident Hans-Karl Filbinger wollte nur der Schwäbin Gudrun Ensslin eine Beerdigung im Land gewähren. Der damalige Oberbürgermeister Manfred Rommel stimmte dem Gemeinschaftsgrab auf der etwas abgelegenen Dornhalde zu.

»Von Anfang an«, erinnerte er sich später, habe er gewusst, für diese Entscheidung geprügelt zu werden. Hätte er versucht, die Toten abzuschieben, schrieb der im November 2013 verstorbene Stuttgarter Ehrenbürger in seinem Buch »Trotz allem heiter«, »wäre wochenlang diskutiert worden – und die Toten wären wie fliegende Holländer herumgereicht worden«. Zur Entkrampfung trug ein Satz von Rommel bei, der bis heute immer wieder anerkennend zitiert wird: »Nach dem Tod muss die Feindschaft enden.«

Die drei Selbstmörder, die an den Erschießungen der »Roten Armee Fraktion« beteiligt waren, haben ihre letzte Ruhe auf einem ehemaligen Schießübungsplatz gefunden. 1858 hatte hier im Wald die Garnison des Königs neun 400-Meter-Schießbahnen angelegt. In der Nazizeit sind auf dem Schießplatz Todesurteile an Gegnern vollstreckt worden. So wurde 1944 der Chordirektor und Organist Ewald Huth wegen seiner öffentlichen Warnung vor dem

Nationalsozialismus hingerichtet. Nach dem Zweiten Weltkrieg absolvierten amerikanische Soldaten ihre Schießübungen im Wald der Dornhalde.

Der gleichnamige Friedhof entstand erst 1974. Das Schützenhaus der Garnison, das in unseren Tagen auf dem Blaustrümpflerweg, einem der schönsten Wanderwege auf Stuttgarts Höhen, die Blicke anzieht, ist 1880 erbaut worden. Es beherbergte die Wache und eine Wohnung für den Schießplatzaufseher. Heute steht das markante Haus, das sich im Besitz der Stadt befindet, unter Denkmalschutz. Eine Initiative setzt sich für eine neue Nutzung des Schützenhauses ein, das bis in die 1960er ein Ausflugslokal war. Es soll zum Ort der Ruhe werden.

Unterhalb des seit Jahren leerstehenden Backsteinhauses, das an einen alten Bahnhof erinnert, befindet sich ein eigenartiger Holzturm ohne Fenster. Viele fragen sich: Was ist das? Es ist der Abluftkamin des Heslacher Tunnels. Laut Amt für Umweltschutz wird die mit Autoabgasen belastete Luft von Ventilatoren in diesen zentralen Kamin geleitet, der 80 Meter über dem Tunnel am Rande des Waldgebietes beim Dornhaldenfriedhof endet. Weil die Abgase mit hoher Geschwindigkeit über den Bauwipfeln hinausgeblasen werden, sei die Luftbelastung in unmittelbarer Nähe nicht gefährlich, heißt es im Rathaus.

Die Idylle eines Wanderwegs, der qualmende Beweis für die PS-Stärke der Autostadt, die Erinnerungen eines auch von Nazis genutzten Schützenhauses und ein Gemeinschaftsgrab, das deutsche Geschichte dokumentiert – auf der Dornhalde lässt sich erkunden, was Stuttgart ausmacht. In dieser Stadt blüht es – und es ist auch dornig.

Freundschaft über den Tod hinaus

Wie viele Kerzen brennen heute? Wer weiß, was der Kerzenglanz in diesem auffälligen und verschachtelten Haus bedeutet, kann gar nicht anders, als beim Vorbeifahren im Auto hoch zu schauen auf das große, lang gezogene Fenster im ersten Stock. Für jeden, der im Hospiz St. Martin im Stuttgarter Stadtteil Degerloch sein Leben beendet, wird eine weiße Kerze im Durchgang von einem Gebäudeteil zum anderen angezündet. Manchmal bin ich erleichtert, weil nichts im Fenster leuchtet. In allen Zimmern wird noch gelebt. Und manchmal erinnern gleich drei Kerzenlichter an verstorbene Menschen, die ich nicht kannte, die mich aber trotzdem berühren.

Eine Autofahrt vorbei am Hospiz St. Martin ist ratsam für Menschen, die sich über eine dieser Kleinigkeiten geärgert haben, die ein Job – egal wo –

bereithält. Was war das wieder? Lohnt sich die Wut auf den Chef? Irgendwann brennt auch für ihn ein Licht. Und irgendwann auch für dich und mich.

Bei Dominik hat die Kerze viel zu früh gebrannt. Mit 26 Jahren ist der Gründer und langjährige Macher des Stuttgarter Fair-Trade-Modelabels »ConSilium« im Sommer 2015 in einem Esslinger Hospiz gestorben. Einer aus seiner Clique war immer bei ihm in seinen letzten Tagen. So viele junge Menschen sind im Hospiz selten.

»Gibt es ein Leben nach dem Tod?« Diese Frage ist Dominik im Vorstellungsfragebogen auf der Webseite seiner Firma gestellt worden. Die Antwort von »Dome«, wie ihn seine Freunde nannten, lautete: »Nur für die Guten.«

So gesehen gibt es für den jungen Mann ein Leben nach dem viel zu frühen Tod. Dome war einer von den Guten. »Ich kenne keinen anderen Menschen, der so selbstlos war«, sagt sein Kumpel und Geschäftspartner Mo: »Er dachte immer an die anderen und nicht an sich selbst. Das war auch noch so, als er im Hospiz in Esslingen im Sterben lag – er wollte auch da noch, dass es uns gut geht.« Die Freunde seien viel verzweifelter gewesen als Dome vor seinem Tod.

Ein Guter musste viel zu früh gehen und wird nun vom Himmel auf seine Clique herunterschauen. Er kann sehr stolz auf seine Freunde sein.

Dominiks Idee soll nicht sterben, sagen sie. Den Firmennamen ConSilium hatte »Dome« mit Bedacht gewählt. Zugrunde liegt ihm das lateinische Wort »concilium«, das unter anderem Gemeinschaft bedeutet. Freundschaft sei ihm wichtig gewesen, sagen die Leute aus seiner Clique. Sie wollen deshalb in seinem Sinne die Firma weiterführen, seine Idee am Leben erhalten. Es ist auch eine Art Trauerarbeit.

Noch ein Jahr vor seinem Tod hatte sich Dominik mit seinem Kumpel Mo, den er seit der gemeinsamen Ausbildung kannte, einen weiteren Traum erfüllt und in Stuttgart den Skateboard-Laden »Flatspot« eröffnet. Die Sache lief gut an. Dann kam »die Schocknachricht«, wie Mo sagt. Der Krebs war nicht zu stoppen. Nachdem die Ärzte keine Hoffnung mehr auf Heilung geben konnten und sich Dominik dazu entschloss, die Chemotherapie abzubrechen, wünschte er, seine letzte Zeit ohne Schmerzen in einem Hospiz zu verbringen. »Er wollte nicht daheim sterben und niemandem seiner Freunde und seiner Familie zur Last fallen«, sagt Mo.

Im Hospiz Esslingen fühlte sich Dominik gut aufgehoben, sagt der Freund, es herrsche dort eine gute Atmosphäre. Man dürfe die Situation aber auch nicht schönreden. Jeden Tag besuchte einer aus der Clique den Freund. Wer ins Haus der Sterbebegleitung zieht, wird als Gast bezeichnet, nicht als

Patient. Für die Gäste und Mitarbeiter waren die jungen Besucher ungewohnt – an einem Ort, der sonst dem Alter vorbehalten ist.

Das Hospiz, sagt Sarah, Domes Freundin, habe alle gleich mit seiner ruhigen Lage überzeugt, dem Garten, den schönen Zimmern und der Freundlichkeit. Auch für Dominik sei die Aufnahme wohltuend gewesen. Hier ging es ihm besser als im Krankhaus. Es roch auch nicht nach Klinik. Er wurde in Ruhe gelassen, wenn er wollte, und alle stellten sich auf seine Wünsche ein. Dass eine Hospizmitarbeiterin ihm sein Lieblingsmüsli besorgte, hat Sarah verblüfft. Auch ein Grillfest für Dominik wäre kein Problem gewesen. Dazu sei es aber leider nicht mehr gekommen. Sie habe, wann immer sie wollte, mit ihm ganz ungestört für sich sein können.

Als Dominik gestorben war, sei ihnen viel Zeit zur Verabschiedung gelassen worden. Die Clique konnte noch den ganzen Tag mit ihm verbringen. Keiner der Freunde hatte sich vorher mit dem Hospizgedanken beschäftigt. Jetzt sagen sie: »Das ist eine tolle und wichtige Einrichtung.«

Die Clique wollte dem Hospiz etwas zurückgeben und hat eine Sonderedition von Stoffbeuteln entworfen, um die Einrichtung in Esslingen zu unterstützen. 2012 hatte »Dome« das Label Con-Silium gegründet, das fair gehandelte Textilien – vor allem Shirts, Jacken, Kappen und Mützen – individuell im Siebdruckverfahren bedruckt. Sie werden im »Flatspot«-Shop in Stuttgart verkauft.

Die bedruckten Batikbeutel sind Unikate. Von jedem Stück gehen fünf Euro an das Hospiz Esslingen. Mit ihrem Engagement erfüllen die Freunde Dominiks Wunsch, ConSilium weiterzuführen – in ihrer Freizeit, denn wie ihr verstorbener Freund, der als Erzieher an einer Schule gearbeitet hat, sind alle aus dem zehnköpfigen Team berufstätig. Gemeinsam bedrucken sie abends oder am Wochenende Kleidung. Es kommt ihnen vor, als würden sie es nicht allein tun: »Dome« ist immer dabei.

Echte Freundschaft ist das höchste Gut. Sie bleibt über den Tod hinaus. Das Leben kann so schnell vorüber sein. Wer darüber nachdenkt, lässt sich von kleinen Problemen des Alltags nicht mehr provozieren. Die Kerzen am großen Fenster des Hospiz St. Martin erinnern daran.

SPORTLICH

Hitz the Hammer

Packende Szenen spielten sich am 19. Mai 2007 im ausverkauften Daimlerstadion ab. Die Erinnerung daran sorgt noch heute bei VfB-Fans für Gänsehaut. Daheim wollen die Schwaben am letzten Spieltag der Saison gegen Energie Cottbus den fünften Meistertitel der Vereinsgeschichte holen. Es herrscht Ausnahmezustand in Stuttgart. Doch die Gegner führen mit einem Tor. Die Nervosität ist im Stadion zu spüren. Und dann geschieht etwas, was Thomas Hitzlsperger unsterblich macht.

Knapp 20 Meter vor dem Cottbuser Tor trifft »Hitz the Hammer«, wie er seit seiner Zeit in England genannt wird, den Ball satt mit dem linken Fuß. Der bis heute legendäre Volleyschuss ist der Ausgleich. Das Spiel dreht sich. Mit dem späteren Siegtreffer des jungen Sami Khedira wird der VfB Stuttgart Deutscher Meister. 250.000 Fans feiern ihre Helden in der Innenstadt, die mit dem Autokorso kaum durch die Massen kommen.

Dem Schützen Hitzlsperger, der 1982 in München geboren ist, ist eine weiß-rote Karriere beim Verein gelungen wie vor ihm keinem. Vom Bundesligameister der Saison 2006/2007 bis zum Vorstandsvorsitzenden der VfB Stuttgart 1893 AG – so steil nach oben hat es bisher kein Spieler geschafft. Ausgerechnet ein bayerischer Sohn wird von den Schwaben als Fußballgott verehrt. Ihm trauen die Fans alles zu – also auch, dass er die Roten aus dem Tal der Tränen holt und zurückführt an die Spitze.

Ist es der Beweis für die Liberalität der Menschen in Stuttgart, dass in dieser Stadt einst ein schwuler Choreograf ein weltweites Ballettwunder geschaffen hat und dass nun ein schwuler »Big Boss« zum Star der Fußballfans geworden ist? In Stadionkurven, in denen einst »Schwule-Sau«-Gesänge erklangen, lässt man nun Hitz the Hammer hochleben. Sein Outing im Jahr 2014 – seine aktive Profizeit hatte er soeben beendet – ist schon lange kein Thema mehr.

Aus seiner Sicht hat sich in den Köpfen einiges zum Positiven verändert. »Ich glaube, dass die Fußballfans viel aufgeklärter, viel aufgeschlossener sind«, sagte er. Zwar gehe es nicht ohne Beleidigungen ab, doch die gebe es immer im Alltag. Grundsätzlich, so meint Hitzlsperger, hätten Spieler, die sich outen wollen, »von den Fans nicht so viel zu befürchten«. Es sei mehr eine Angst, die nur in den Köpfen einiger existiere, »die aber nicht real« ist, beobachtet der VfB-Chef.

Doch über das Thema Homosexualität will er nicht ständig sprechen. Die vielen Einladungen zu CSD-Paraden und Schirmherrschaften der Rainbow-Community nimmt er nicht an. Es gibt für ihn Wichtiges zu tun. Sein VfB braucht wieder legendäre Hammerschüsse ins Tor, die den Verein zurück nach oben führen.

Eine Niederländerin lobt Stuttgarts besondere Sportkultur

Sie ist ein Gesicht des Stuttgarter Volleyballs und wird von ihrem Team als »Motivationskünstlerin« verehrt. 13 Jahre war die Niederländerin Profisportlerin. Den größten Teil ihrer Karriere hat Kim Renkema in Stuttgart gespielt. Ihre Erfolge sind enorm: Dreimal war sie Pokalsiegerin, 2016 Supercupgewinnerin, zweimal Deutsche Vizemeisterin. Von der Spielführerin ist sie zur Sportchefin bei der Allianz MTV Stuttgart geworden. Ihren Traum von der Meisterschaft mit den jungen Spielerinnen hat die

Managerin 2019 erfüllt. Wovon die Fußballermänner in Stuttgart seit Jahren nur träumen können, ist den Volleyballfrauen gelungen.

Kim Renkema ist Strippenzieherin, eine gute Netzwerkerin, sie stellt den Kader zusammen, betreut die Spieltermine, kauft Nachwuchs ein, sucht Sponsoren und hält die Ehrenamtlichen bei Laune. Multitasking scheint eine ihrer Spezialitäten zu sein.

Ihr persönliches Lebensmotto: »Sei die Person, der du gerne begegnen würdest.«

Was ihr in Stuttgart gefällt? »Die Stadt hat eine besondere Sportkultur«, sagt sie. »Mit dem Neckarpark hat Stuttgart für Sportler eine tolle Plattform geschaffen, um Athleten und Vereinen den Weg nach ganz oben zu ermöglichen.« Neben dem Sport gefällt ihr an ihrer Wahlheimat »das attraktive kulturelle Angebot mit schönen Events, Konzerten und Festivals wie den ›Jazz Open‹ im Sommer«. Für Kim Renkema steht fest: »Stuttgart ist eine lebenswerte Stadt.«

Worüber sie sich am meisten an Stuttgart ärgert? »Die vielen Staus und Baustellen«, antwortet sie. »Schade« sei es, dass »viele neue industrielle Gebäude das Stadtbild verändern«.

Ihren Charakter stuft Kim Renkema so ein: »Ich bin ein spontaner und offener Mensch. Meinungsfreiheit und Offenheit sind mir sehr wichtig. Ich komme aus einem Land, das sehr liberal denkt. Kommunikation ist für mich wesentlich in dem Umgang mit Menschen. Außerdem bin ich sehr diszipliniert, leider auch perfektionistisch.«

Zum Charakter der Stadt sagt sie: »Stuttgart ist modern und sicher. Aus meiner Sicht ist die Stadt sehr zukunftsorientiert, weil es für die Jugend viele Möglichkeiten gibt. Auch hat Stuttgart eine sehr freundliche und harmonische Atmosphäre.«

Für Stuttgarts Zukunft wünscht sie sich in erster Linie »mehr Fahrradwege« und »sportliche Erfolge«, aber auch eine »holländische Snackbar mit Frikadellen«.

Der Weltmeister der Motivation

Fühlen Sie sich, liebe Leserinnen und Leser, schlapp, haben schlecht geschlafen und können sich zu gar nichts aufraffen?

Na wunderbar! Dann haben Sie die besten Voraussetzungen, »Big Points« in Ihrem Leben zu machen!

Der dreifache Ringer-Weltmeister Frank Stäbler ist ein Meister der Motivation. Im Netz erklärt er in Videos, wie das mit den wichtigen Punkten funktioniert. Wenn man sich super fühle, könne jeder losjoggen und im Training über sich selbst hinauswachsen, findet er. Doch die »Big Points des Lebens«, sagt der 1989 geborene Athlet auf überzeugende Weise, erziele man erst, wenn es einem schlecht gehe und man trotzdem nicht liegen bleibe. Von seinem Trainer Andreas Stäbler, mit dem er nicht verwandt ist, habe er dies schon früh gelernt. »Fränky«, wie ihn seine Freunde nennen, hat viele Rückschläge hinnehmen müssen. Sein Olympiaticket für Tokio 2020 holte er nach einem 0:5-Rückstand. Und dann hat Corona erst mal seinen Traum zerstört. Die Olympischen Spiele werden um ein Jahr verschoben. Jetzt will der Mann aus Musberg auch 2021 noch mal angreifen.

Verletzungen haben immer wieder seine Träume zerstört – doch neue Träume sind entstanden. Mit seinem unerschütterlichen Optimismus steckt er in Videos an. »Schmerz ist Schwäche, die den Körper verlässt«, erklärt der Musberger auf seiner Facebook-Seite. Und: »Dein stärkster Muskel ist dein Wille.« Damit punktet er im Netz. Nach Ende seiner sportlichen Karriere wird er Motivationstrainer werden – oder »Keynote Speaker«, wie man heutzutage dazu sagt. Auch in TV-Shows macht er eine gute Figur und wird gern für Ratespiele mit Körpereinsatz engagiert.

Zudem hat Frank Stäbler Erfahrungen mit dem Trash-Fernsehen. Als Bewohner von »Promi Big Brother« waren für ihn nach dem Verletzungspech bei den Olympischen Spielen 17 Tage unter Voyeur-Beobachtung ein Lehrstück in Medienkunde. Stundenlang habe er von seiner Liebe zu seiner heutigen Frau Sandra gesprochen – doch nichts davon ist gesendet worden. Auch für seinen Sport interessierten sich die Sat-1-Leute nicht sonderlich. Gezeigt wurde nur, was ins Konzept passt. Zwar habe er keine »Regieanweisungen« bekommen, den Sex-Chili-Talk mit dem TV-Sternchen Jessica Paszka zu führen. Doch immer wieder ist er zu Gesprächen geholt worden, bei denen die Fernsehmacher ihm in die Sache mit Jessy hineinredeten.

Heute bereut er es nicht, im Sat-1-Knast gesessen zu haben. Viel Aufmerksamkeit bekommt ein Ringer nie, selbst wenn er Weltmeister ist. Bereits auf der Heimfahrt im Zug vom Kölner »Promi Big Brother«-Haus nach Stuttgart hat Olympionike Frank Stäbler gespürt, was Schlagzeilen in Boulevardblättern um Paprika, Chili, Dip und ums inszenierte Fremdflirten bewirken. »Früher bin ich im ICE nie erkannt worden«, erzählt Stäbler, »dann musste ich Autogramme geben.«

Würde der Sohn eines Landwirts, der in Musberg auf den Fildern wenige Minuten von der Stadtgrenze zu Stuttgart entfernt lebt, in Aserbaidschan, der Ringer-Hochburg, leben, er wäre Volksheld und hätte ausgesorgt. In Deutschland muss er auch abseits des Sports wirbeln, um seinen Marktwert zu steigern und Sponsoren zu locken. Selbst in seinem Heimatdorf hatte er den Sportverein gegen sich, der ihm und den anderen Ringern die Trainingshalle entzog – trainiert wurde dann medienwirksam im väterlichen Kuhstall.

Für jede Lebenssituation hat er einen Spruch parat. »Wer nur in die Fußstapfen anderer tritt«, notierte der Sonnyboy etwa auf seiner Facebook-Seite, »hinterlässt keine Spuren.« In Stuttgart gefallen dem Ausnahme-Sportler, der sich mit seiner lockeren und witzigen Art viele Freunde macht, »die Königstraße, die vielen Einkaufsmöglichkeiten und der Fernsehturm«. Dagegen gefällt ihm »der Feierabendverkehr ganz und gar nicht«.

Über sich selbst sagt der Familienvater: »Niemand hat mir zugetraut, dass ich es von Musberg aus an die Weltspitze schaffen kann. Alle haben immer gesagt, ich sollte an einen Stützpunkt oder in ein Trainingszentrum wechseln. Von daher war ich ein wenig rebellisch und habe mit sehr viel Leidenschaft dieses Ziel verfolgt und erreicht.«

Bildnachweis

Seite 11: Stuttgart-Marketing GmbH/Achim Mende
Seite 14: Stadtengel GmbH
Seite 51: pixabay.com/Nicole Köhler
Seite 60: pixabay.com/USA-Reiseblogger
Seite 71: pixabay.com/ddzphoto
Seite 80: pixabay.com/Hans Braxmeier
Seite 84: pixabay.com/Hans Braxmeier
Seite 91: pixabay.com/Artur Lobe
Seite 118: pixabay.com/JulKramer3
Seite 120: pixabay.com/Jaki0815
Seite 125: pixabay.com/Harald Matern
Seite 130: pixabay.com/e-gabi
Seite 137: pixabay.com/benchtalks
Seite 144: pixabay.com/David Mark
Seite 159: pixabay.com/Alexas_Fotos
Seite 178: Stuttgart-Marketing GmbH / Achim Mende

Weitere Titel finden Sie auf den folgenden Seiten und im Internet:

WWW.GMEINER-VERLAG.DE

DIE NEUEN Lieblings-plätze

ISBN 978-3-8392-2628-5

ISBN 978-3-8392-2615-5

ISBN 978-3-8392-2620-9

ISBN 978-3-8392-2635-3

ISBN 978-3-8392-2618-6

ISBN 978-3-8392-2623-0

ISBN 978-3-8392-2630-8

ISBN 978-3-8392-2631-5

ISBN 978-3-8392-2632-2

ISBN 978-3-8392-2405-2

ISBN 978-3-8392-2622-3

ISBN 978-3-8392-2545-5

ISBN 978-3-8392-2629-2

ISBN 978-3-8392-2634-6

GMEINER KULTUR

WWW.GMEINER-VERLAG.D
Mensch, Kultur, Regio